管理学专著系列

河北师范大学学术著作出版基金（S21C009）
河北师范大学家政学院学术著作出版基金

中职旅游服务类教师职业发展研究

陆 朋　鲍晓宁 ◆ 著

企业管理出版社
ENTERPRISE MANAGEMENT PUBLISHING HOUSE

图书在版编目（CIP）数据

中职旅游服务类教师职业发展研究 / 陆朋，鲍晓宁著．
—北京：企业管理出版社，2023.12
ISBN 978-7-5164-2958-7

Ⅰ．①中… Ⅱ．①陆…②鲍… Ⅲ．①中等专业学校—旅游服务—师资培养—研究 Ⅳ．① F590.6

中国国家版本馆 CIP 数据核字（2023）第 186371 号

书　　名：	中职旅游服务类教师职业发展研究
书　　号：	ISBN 978-7-5164-2958-7
作　　者：	陆　朋　鲍晓宁
策　　划：	寇俊玲
责任编辑：	寇俊玲
出版发行：	企业管理出版社
经　　销：	新华书店
地　　址：	北京市海淀区紫竹院南路17号　　邮编：100048
网　　址：	www.emph.cn　　电子信箱：1142937578@qq.com
电　　话：	编辑部（010）68701408　　发行部（010）68701816
印　　刷：	北京亿友创新科技发展有限公司
版　　次：	2023年12月第1版
印　　次：	2023年12月第1次印刷
开　　本：	710毫米 × 1000毫米　　1/16
印　　张：	12.75印张
字　　数：	200千字
定　　价：	78.00元

版权所有　翻印必究　·　印装有误　负责调换

前　言

目前，我国经济在震荡中前行，在国际舞台上，"一带一路"倡议的提出，勾勒出"和平、交流、理解、包容、合作、共赢"的国际政治经济新秩序。国内外宏观形势基本面的变化给旅游业发展带来了新的机遇和挑战。旅游业在国民经济结构调整、产业结构转型升级、促进居民消费、提高居民生活满意度、增加就业岗位、提供创新创业机会，以及促进国际交流，开展旅游外交等诸多方面都发挥出越来越重要的作用，旅游业的战略地位日益凸显。同时，旅游业也面临着转型升级的压力。随着经济社会的发展，旅游成为一种现代生活方式。后大众旅游时代，国民旅游需求日益多元化，对旅游供给提出了新的要求。现代信息技术的发展和广泛运用对旅游管理、旅游营销和旅游服务等方面都产生了革命性的影响，以互联网、物联网、5G移动通信、云计算、多媒体、数字旅游为代表的新技术，为目的地营销模式、旅游文化传播、旅游资源保护、旅游各环节的信息综合服务等领域的发展创新提供了支撑和动力。

我国旅游业能否实现转型升级和产业融合协同发展，除资金和技术外，最关键的是人才资源。旅游业的应用技术创新、管理创新、服务创新和商业模式创新，需要大批复合型创新型人才。旅游教育是旅游人才培养的基地，关系到我国旅游业的竞争力和可持续发展。

贯彻落实教育部关于"建设高素质专业化教师队伍，推动我国现代职业教育科学发展"的要求，以教育部颁发的《中等职业学校教师专业标准》为依据，以引导和促进中等职业学校教师不断提高思想、业务、师德、管理等各方面素质和能力为目标，本书既可以作为中等职业学校教师自我职业发展的参考书，也可以作为教育行政部门和学校开展师资队伍建设的指导用书，为加强我国中等职业学校教师队伍专业化建设，提高中等职业学校人才培养质量和区域发展服务能力发挥积极作用。

本书对中等职业学校教师职业发展的知识、理论、策略、步骤等进行全面、系统的研究与探索。提出的概念、判断、思路、措施等符合教育科学原理、职业教育特点和师资队伍建设规律。对中等职业学校教师顺利完成教育教学岗位工作和实现职业生涯发展给予有效的实践指导。本书理论联系实际，注重案例和经验研究，格式新颖，内容实用，语言通俗易懂。

全书在内容上共分为五章，分别为概述、中职旅游服务类专业教师的工作职责、中职旅游服务类专业教师的成长与发展、中职旅游服务类专业教师工作的方式方法、中职旅游服务类专业教师的职业发展途径。

本书由河北师范大学陆朋、河北传媒学院鲍晓宁合著。河北师范大学侯旭东、王孟尚、毕凯旋、罗世贤协助查阅大量的相关专业书籍，并参与文献资料的搜集和案例梳理工作，在写作思路方面提出了很好的建议。

本书的编写凝聚了专家、学者和教学一线教师的心血，作者在写作过程中，参阅了大量的相关书籍、文献资料以及案例，并借鉴了其中部分内容，在此谨向专家、学者致以诚挚的感谢！本书是与各中职学校旅游服务类专业教师倾力合作的集体智慧结晶，但由于时间和水平所限，书中难免存有疏漏之处，恳请读者提出宝贵意见，以便再版时修改完善。

编者

2023年4月

目 录

第一章 概 述
第一节 我国旅游行业的发展情况 / 1

第二节 我国旅游中等职业教育的发展情况 / 13

第三节 中职旅游服务类专业的发展方向和策略 / 21

第二章 中职旅游服务类教师的工作职责
第一节 学科教学 / 26

第二节 学生培养 / 42

第三节 学校民主管理 / 63

第四节 社会服务 / 73

第三章 中职旅游服务类教师的成长与发展
第一节 教师的职业发展 / 81

第二节 职业发展特点与动力 / 86

第三节 发展现状 / 89

第四节 影响发展的因素 / 95

第五节 职业发展对策 / 98

第四章　中职旅游服务类教师工作的方式方法

  第一节　树立"以人为本"的发展观 / 109

  第二节　探索课程模式和教学方法改革 / 123

  第三节　加强团队合作与交流 / 140

第五章　中职旅游服务类教师的职业发展途径

  第一节　职业发展概述 / 163

  第二节　职业发展途径 / 172

参考文献 / 192

第一章
概 述

随着社会的发展，旅游业已成为全球经济中发展势头最强劲和规模最大的产业之一。旅游业是战略性产业，资源消耗低，带动系数大，就业机会多，综合效益好。旅游业在城市经济中的产业地位、经济作用逐步增强，旅游业对城市经济的拉动性、社会就业的带动力以及对文化与环境的促进作用日益显现，旅游业是中国经济发展的支柱产业之一。

第一节　我国旅游行业的发展情况

一、我国旅游业发展现状

近年来，我国旅游经济总体上平稳运行，消费需求旺盛，投资持续增长，产业运行相对景气，发展方式加速转变。2019年，中国国内旅游人数60.06亿人次，比上年同期增长8.4%。入出境旅游总人数3.0亿人次，同比增长3.1%。全年实现旅游总收入6.63万亿元。旅游业对GDP的综合贡献为10.94万亿元，占GDP总量的11.05%。全国旅游直接就业2825万人，旅游直接和间接就业7987万人，占全国就业总人口的10.31%。呈现旅游消费和投资两旺的良好态势。

2019年以后，受新冠疫情的影响，我国旅游经济发展有所衰退。具体见图1-1。

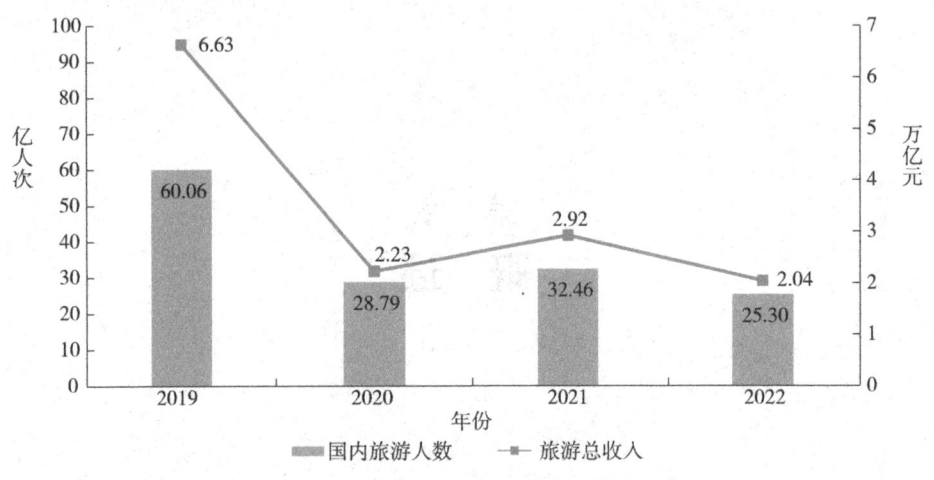

图 1-1　2019—2022年我国旅游经济发展情况

资料来源：国家统计局年度数据.

二、旅游业在国民经济中的地位和作用

旅游业作为一个经济性产业，是国民经济的重要组成部分。国民经济作为一个有机整体，要求各部门之间保持一定的比例关系，而每一个经济部门在整个国民经济中的地位，则取决于其本身的性质、规模和运行状况。因此，旅游业在国民经济中的地位如何，主要取决于旅游业的性质、发展规模及运行状况。从旅游业的性质看，旅游业是一个以提供服务为主的综合性服务行业。通过为人们提供食、住、行、游、购、娱等各种服务，不仅为物质资料生产部门的简单再生产和扩大再生产提供了实现的途径和方式，即满足人们对基本生活和精神生活的需求；而且也是社会总产品供给实现的重要环节，促使社会产品在社会各劳动者间进行合理分配，并不断创造着新的需求。从旅游业的发展规模看，随着社会生产力的提高和社会经济的发展，旅游业在国民经济中日益占据重要地位。因为人们的消费水平随社会经济发展而不断提高，随着人们经济收入的增多，用于精神需求方面的开支就相对增加，从而促进以满足人们精神需求为主的旅游业迅速发展，规模也不断扩大，进而在国民经济中占据重要地位。从旅游业的运行状况看，旅游业不仅是一种无烟工业，符合当今世界经济发展的总潮流，与发展绿色产业相适应；而且旅

游业还是一个朝阳产业，正展现着良好的发展势头。从现代旅游经济发展的实证分析，当今世界上经济发达的国家，同时也是旅游经济发达的国家，即经济越发达，旅游业在国民经济中的地位就越高，如瑞士、法国、美国、日本、新加坡等国家，并且许多国家旅游收入在国民经济中都占有相当比重。

旅游经济不仅在国民经济中占有重要地位，而且其对国民经济的发展及促进，对相关产业的带动，对经济结构的改善等都具有十分重要的作用。具体表现在以下几方面：

（一）增加外汇收入

任何国家要扩大对外经济合作关系，就必须扩大外汇收入。而扩大外汇收入，一是通过对外贸易获得贸易外汇；二是通过非贸易途径获得非贸易外汇。在当今世界贸易竞争激烈，关税壁垒林立的背景下，旅游业作为非贸易外汇收入的来源渠道，作用是非常突出的。因为旅游业是一个开放性的国际性产业，通过旅游经济的发展，不仅能吸引国际闲置资金的投入，参与国际市场竞争，改善对外经济关系，还能吸引国外大量旅游者，增加外汇收入，因此人们通常把旅游业创汇称为"无形出口"收入。特别是由于旅游业创汇能力强、换汇成本低，又不受各国税制限制，因而已成为各国创汇的重要手段。

（二）加快货币回笼

积极发展国内旅游业，不仅能够满足广大国内消费者对旅游的需求，而且能够大量回笼货币，促进市场的稳定和繁荣。特别是随着人们收入增多，生活水平提高，必然促使人们的消费结构改善，从而有更多的可支配收入用于旅游活动。因此，大力发展旅游经济，激发人们对旅游产品的购买动机，促进各种旅游活动，就能扩大旅游消费，加速货币回笼；同时还能减少人们持币待购而造成的市场压力和风险，增进市场的稳定和繁荣。

（三）扩大就业机会

旅游业是一个综合性服务行业，能为社会提供大量的就业机会。因为旅游业本身就是包含多种服务内容的产业,并且许多服务项目不是用现代手段就能取代人力的,因而旅游业所需的就业人数相对于其他产业要高得多。再加上旅游业的带动力较强,除了自身迅速发展,还能带动相关产业的发展,从而增加相关产业的就业,能为社会提供较多的就业机会。2014—2019年全国文化和旅游单位及人员情况见图1-2。

图1-2 2014—2019年全国文化和旅游单位及人员情况

资料来源:中华人民共和国文化和旅游部.2019年文化和旅游发展统计公报[EB/OL].2020-06-20.

2019年年末,纳入统计范围的全国各类文化和旅游单位35.05万个,从业人员516.14万人。其中,各级文化和旅游部门所属单位66775个,减少60个;从业人员69.49万人,增加2.43万人。

2020年年末,纳入统计范围的全国各类文化和旅游单位34.16万个,比上年年末减少0.89万个。其中,各级文化和旅游部门所属单位66555个,减少220个;从业人员69.98万人,增加0.49万人。

2021年年末,纳入统计范围的全国各类文化和旅游单位32.46万个,比上年年末减少1.70万个;从业人员484.41万人,比上年年末减少11.89万人。

(四)带动相关产业

旅游业虽然是一个非物质生产部门,但它的关联带动能力很强,不仅能带动物质生产部门的发展，而且能带动第三产业的迅速发展。因为，一方面，旅游业的发展必须建立在物质资料生产部门的基础之上，没有一定水平的物质生产条件，就不可能为旅游业的发展提供基础，因此要发展旅游业，必然要促进各种物质生产部门的发展。另一方面，旅游业作为国民经济中的一个独立综合性的行业，其生存和发展与其他行业密切相关，能够直接或间接地带动交通运输、商业服务、建筑业、邮电、金融、房地产、外贸、轻纺工业等相关产业的发展，从而促进整个国民经济的发展。据测算：国外旅游业每收入1美元，可促使国民生产总值增加2.2美元；而在中国，旅游业每收入1美元，可使国民生产总值增加3.12美元，利用外资金额增加5.9美元。根据国家统计局统计，2019年全国规模以上文化及相关产业企业实现营业收入86624亿元，按可比口径比上年增长7.0%，持续保持较快增长。2020年，全国6.0万家规模以上文化及相关产业企业实现营业收入98514亿元，比上年增长2.2%。2021年，对全国6.5万家规模以上文化及相关产业企业调查，上述企业实现营业收入119064亿元，按可比口径计算，比上年增长16.0%；两年平均增长8.9%。2022年，全国规模以上文化及相关产业企业实现营业收入121805亿元，比上年增长0.9%。

（五）积累建设资金

任何经济产业的发展都离不开资金的投入，但相对于传统产业而言，旅游业的发展主要是依靠自身的经济效益，并且还为其他产业发展积累资金。从我国旅游业看，旅游业是一个高投入、高产出、高创汇的产业。其经济效益的增长，不仅为自身发展创造了良好的条件，同时也为整个国民经济及社会发展积累了资金。

20世纪90年代开始，国际旅游收入在世界出口收入中所占比重达到8%以上，超过石油、汽车、机电等出口收入，旅游产业正式确立了世界第一大产业的地位并保持至今。中国旅游研究院（文化和旅游部数据中心）2019年3月10日发布的《2019年旅游市场基本情况》显示，2019年，旅游经济继续保持较快增长，全年实现旅游总收入6.63万亿元，同比增长11.1%。2011—2019年旅游市场基本情况见表1-1。

表1-1　　　　　　　　　　旅游市场基本情况

年份	国内旅游人次（亿人次）	国内旅游收入（亿元）	入境旅游人次（万人次）	入境旅游收入（亿美元）	出境旅游人次（万人次）	旅游总收入（万亿元）
2011	26.41	19305	13542	484.64	7025	2.25
2012	29.57	22706	13241	500.28	8318	2.59
2013	32.62	26276	12908	516.64	9819	2.95
2014	36.11	30312	12850	1053.80	10728	3.73
2015	39.90	34195	13382	1136.50	11689	4.13
2016	44.35	39390	13844	1200.00	12203	4.69
2017	50.01	45661	13948	1234.17	13051	5.40
2018	55.39	51278	14120	1271.03	14972	5.97
2019	60.06	57251	14531	1313.00	15463	6.63

资料来源：中华人民共和国文化和旅游部.2021年文化和旅游发展统计公报.[EB/OL].2023-03-20.

2020年，受新型冠状病毒感染疫情影响，国内旅游收入2.23万亿元，比上年同期减少3.50万亿元，下降61.1%。2021年，国内旅游收入（旅游总消费）2.92万亿元，比上年同期增加0.69万亿元，增长31.0%。（恢复到2019年的51.0%）。

2022年，国内旅游收入（旅游总消费）2.04万亿元，比上年减少0.88万亿元，同比下降30.0%。

数据显示，2019年国内旅游市场和出境旅游市场稳步增长，入境旅游市场基础更加牢固。2019年，国内旅游人数60.06亿人次，比上年同期增长8.4%。其中，城镇居民44.71亿人次，增长8.5%；农村居民15.35亿人次，增长8.1%。

受新冠疫情的影响，2020年度国内旅游人数28.79亿人次，比上年同期减少31.27亿人次，下降52.1%。其中，城镇居民出游20.65亿人次，下降53.8%；农村居民出游8.14亿人次，下降47.0%。

2021年，国内旅游总人次32.46亿，比上年同期增加3.67亿，增长12.8%

（恢复到2019年的54.0%）。其中，城镇居民23.42亿人次，增长13.4%；农村居民9.04亿人次，增长11.1%。2022年，国内旅游总人次25.30亿，比上年同期减少7.16亿，同比下降22.1%。其中，城镇居民国内旅游人次19.28亿，同比下降17.7%；农村居民国内旅游人次6.01亿，同比下降33.5%。入出境旅游总人数3.0亿人次，同比增长3.1%。入境旅游人数14531万人次，比上年增长2.9%。中国公民出境旅游人数达到15463万人次，比上年增长3.3%。国际旅游收入1313亿美元，比上年增长3.3%。

2020—2022年，旅游业对GDP的综合贡献为10.94万亿元，占GDP总量的11.05%。旅游直接就业2825万人，旅游直接和间接就业7987万人，占全国就业总人口的10.31%。

2019年年末全国共有A级旅游景区12402个，全年接待总人数64.75亿人次，比上年增长7.5%，实现旅游收入5065.72亿元，增长7.6%。截至2020年年末，全国共有A级旅游景区13332个，比上年年末增加930个。其中，5A级旅游景区302个，增加22个。2021年年末，全国共有A级景区14196个，从业人员157万人，全年接待总人数35.4亿人次，实现旅游收入2228.1亿元。

（六）带动贫困地区脱贫致富

贫困问题是全人类面临的巨大难题，世界许多国家都十分关注并提出许多解决问题的对策及措施。从实际上看，虽然贫困地区大多数是经济不发达地区，但同时也是旅游资源富集的地区。因此，通过开发贫困地区旅游资源，大力发展旅游，不仅有利于充分发挥贫困地区旅游资源富集的特点，开发特色鲜明、品质较高的旅游产品；而且能够通过旅游开发及旅游业发展，带动贫困地区及其周边地区脱贫致富，加快贫困地区的开发和社会经济的发展。

三、我国旅游业发展趋势

旅游业在国民经济中的重要地位，决定了其在促进经济发展中具有显著的作用。因此，大力发展旅游经济，以旅游带动地区经济发展，进而促进整个社会经济发展已为许多国家和地区所认识，从而采取了许多政策及措施来加快旅游经济的发展。例如，把旅游经济纳入国家的发展计划，增加旅游投资和设施，广泛进行旅游宣传，大力培养旅游人才，制定旅游法规，减免税收，简化出入境手续，等等，从而促进了世界旅游经济的高速发展。

小资料　　　　　近年旅游业发展情况

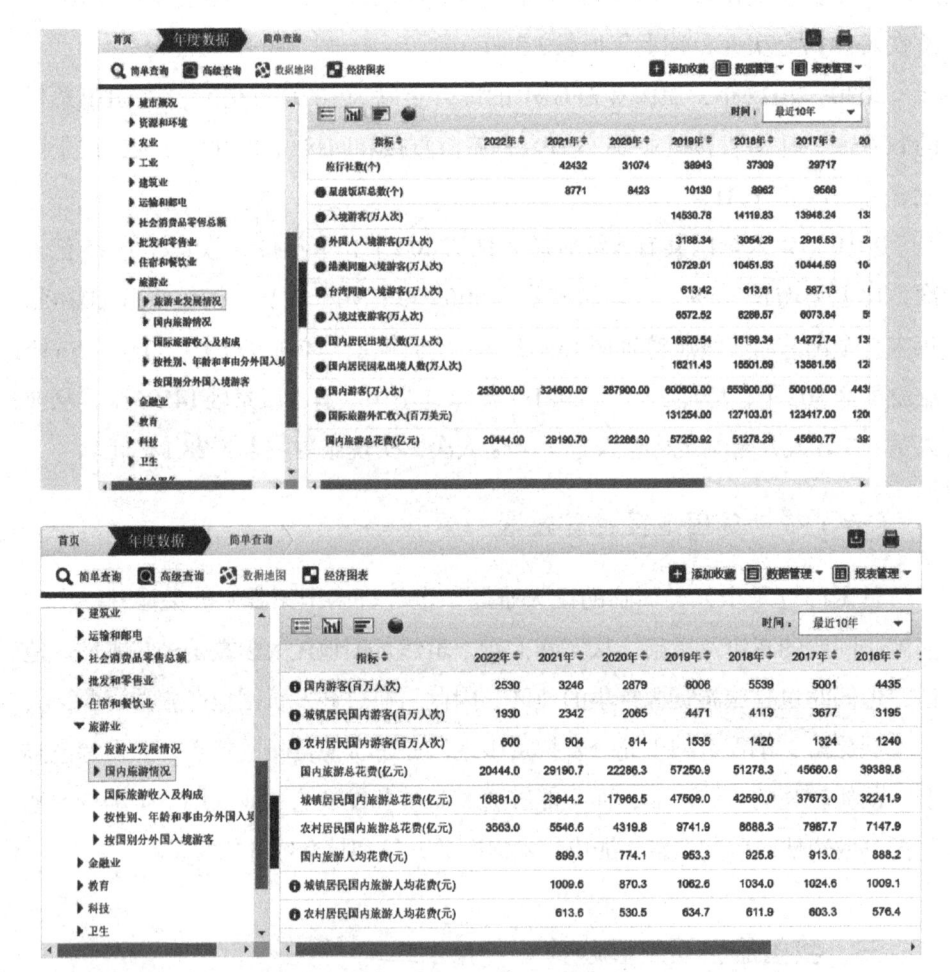

资料来源：国家统计局.年度数据.［EB/OL］.2023-03-21.

2014年8月，国务院发布《关于促进旅游业改革发展的若干意见》。2015年1月，再发布《〈国务院关于促进旅游业改革发展的若干意见〉任务分解表》。2015年8月11日《国务院办公厅关于进一步促进旅游投资和消费的若干意见》

发布,从国家层面为旅游产业的发展提供了政策支持。2016年12月国务院印发《"十三五"旅游业发展规划》,为旅游业的下一步发展指明方向。2018年,国务院办公厅《关于促进全域旅游发展的指导意见》,指导各地促进全域旅游发展。针对当前我国旅游改革发展中存在的困难和问题,2020年12月,国务院印发了《"十四五"旅游业发展规划》,提出了针对性政策措施。

作为我国对外开放的先导性产业,我国旅游业加快推动旅游要素向社会资本全面开放,民间资本已经成为我国旅游业投资主力。我国旅游业新产品、新业态层出不穷,生态旅游、红色旅游、文化旅游、海洋旅游等新业态正在成为引导旅游消费增长的重要领域。现代信息技术的发展和广泛运用对旅游管理、旅游营销和旅游服务等方面都产生了革命性的影响,以互联网、物联网、5G移动通信、云计算、多媒体、数字旅游为代表的新技术,为目的地营销模式、旅游文化传播、旅游资源保护、旅游各环节的信息综合服务等领域的发展创新提供了支撑和动力。

在内需启动、消费升级以及国民收入不断提高的背景下,我国旅游业正步入黄金发展期。我国政府将多策并举,把旅游业培育成国民经济的战略性支柱产业。国内旅游行业政策环境持续改善,行业也将迎来一个崭新的发展阶段。

小资料

文化和旅游部发布《2022年第四季度全国星级饭店统计报告》

2022年第四季度,共有6465家星级旅游饭店(以下简称"星级饭店")的统计数据通过省级文化和旅游行政部门审核,数据汇总情况见表1-2~表1-8:

表1-2　　　　2022年第四季度全国星级饭店经营情况统计

项目 星级	数量(家)	营业收入(亿元)	餐饮收入比重(%)	客房收入比重(%)
合计	6465	284.17	40.17	39.81
一星级	9	0.04	67.21	31.76
二星级	614	5.67	42.10	43.58

续 表

项目 星级	数量（家）	营业收入（亿元）	餐饮收入比重（％）	客房收入比重（％）
三星级	3024	61.20	41.04	40.76
四星级	2071	110.85	39.43	38.34
五星级	747	106.42	40.34	40.59

表1-3　2022年第四季度全国星级饭店经营情况平均指标统计

项目 星级	平均房价（元/间夜）	平均出租率（％）	每间可供出租客房收入（元/间夜）	每间客房平摊营业收入（元/间）
平均	321.46	36.79	118.25	24957.72
一星级	83.87	38.96	32.68	9367.84
二星级	177.67	34.25	60.85	11650.24
三星级	218.58	36.97	80.81	16310.61
四星级	307.70	36.88	113.49	24553.27
五星级	504.52	36.83	185.79	40478.68

各地区情况如下：

表1-4　2022年第四季度全国星际饭店主要指标前10名统计

地区	平均房间（元/间夜）	地区	平均出租率（％）	地区	每间可供出租客房收入（元/间夜）	地区	每间客房平摊营业收入（元/间）
上海	584.50	浙江	45.05	上海	257.12	上海	59255.19
北京	465.47	重庆	44.38	海南	187.53	江苏	49443.68
海南	459.60	上海	43.99	广东	153.48	浙江	38300.62
广东	399.45	湖南	43.80	江苏	149.86	北京	32642.64
天津	379.33	江苏	42.83	福建	148.66	福建	29617.95
福建	352.38	福建	42.19	浙江	147.70	山东	27695.65
江苏	349.91	四川	41.11	重庆	140.23	广东	27686.11
浙江	327.87	海南	40.80	北京	134.23	海南	27337.91

续 表

地区	平均房间（元/间夜）	地区	平均出租率（％）	地区	每间可供出租客房收入（元/间夜）	地区	每间客房平摊营业收入（元/间）
河北	316.80	江西	39.76	四川	129.92	四川	24919.71
四川	316.01	广东	38.42	天津	111.29	安徽	23761.07

全国重点旅游城市情况如下：

表1-5　2022年第四季度重点旅游城市星级饭店平均房价前10名情况　　单位：元/间夜

一星级		二星级		三星级		四星级		五星级	
全国平均	83.87	全国平均	177.67	全国平均	218.58	全国平均	307.70	全国平均	504.52
—	—	北京	329.85	北京	353.68	黄山	521.86	三亚	852.67
—	—	成都	277.25	福州	342.39	北京	492.06	珠海	811.68
—	—	上海	275.76	上海	328.60	珠海	426.89	上海	751.64
—	—	昆明	230.43	贵阳	316.61	上海	413.08	北京	655.22
—	—	哈尔滨	228.48	南京	312.32	天津	397.45	成都	626.82
—	—	杭州	223.66	深圳	304.81	哈尔滨	392.58	深圳	626.07
—	—	合肥	215.91	黄山	303.18	深圳	391.05	广州	603.76
—	—	广州	214.61	珠海	299.53	福州	374.58	桂林	581.83
—	—	南宁	211.41	广州	297.70	广州	367.96	青岛	556.87
—	—	温州	210.93	杭州	282.56	杭州	359.42	厦门	551.35

表1-6　2022年第四季度重点旅游城市星级饭店平均出租率前10名情况　　单位：％

一星级		二星级		三星级		四星级		五星级	
全国平均	38.96	全国平均	34.25	全国平均	36.97	全国平均	36.88	全国平均	36.83
—	—	洛阳	53.67	长春	64.18	深圳	62.78	哈尔滨	57.08
—	—	宜昌	50.02	东莞	63.41	南京	58.40	重庆	51.89
—	—	哈尔滨	47.56	三亚	62.81	温州	52.75	合肥	51.39
—	—	宁波	40.31	杭州	57.46	杭州	51.07	海口	51.15

续 表

一星级		二星级		三星级		四星级		五星级	
全国平均	38.96	全国平均	34.25	全国平均	36.97	全国平均	36.88	全国平均	36.83
—	—	温州	39.94	珠海	55.31	广州	49.60	温州	49.51
—	—	北京	39.55	温州	54.46	厦门	47.65	南京	48.22
—	—	兰州	39.43	无锡	54.44	福州	46.63	福州	47.98
—	—	海口	39.29	海口	52.20	海口	46.11	杭州	46.26
—	—	青岛	38.69	石家庄	49.01	宁波	45.55	深圳	45.05
—	—	南宁	38.46	成都	45.95	武汉	45.41	厦门	44.51

同比情况如下：

表1-7　2022年第四季度全国星级饭店经营情况平均指标比较　　单位：%

星级＼指标	平均房价同比	平均出租率同比	每间可供出租客房收入同比	每间客房平摊营业收入同比
一星级	−19.43	34.47	8.34	14.04
二星级	−1.79	−12.08	−13.65	−6.52
三星级	−2.48	−10.50	−12.72	−3.43
四星级	−3.58	−13.01	−16.12	−2.80
五星级	−6.62	−15.86	−21.43	−4.38

表1-8　2022年第四季度重点旅游城市同比增长前10名　　单位：%

平均房价		平均出租率		每间可供出租客房收入		每间客房平摊营业收入	
珠海	16.88	秦皇岛	22.08	珠海	26.84	珠海	31.61
黄山	15.87	呼和浩特	20.23	秦皇岛	18.55	黄山	25.83
厦门	9.54	杭州	13.31	杭州	14.90	厦门	19.70
哈尔滨	7.89	南京	9.32	黄山	11.36	杭州	19.49
成都	7.12	珠海	8.52	厦门	10.04	丽江	14.23
三亚	6.14	重庆	7.98	重庆	6.93	宁波	10.99

续表

平均房价		平均出租率		每间可供出租客房收入		每间客房平摊营业收入	
沈阳	5.86	苏州	3.84	无锡	0.88	南昌	7.52
福州	4.57	无锡	1.41	—	—	苏州	5.37
大连	3.41	深圳	0.84	—	—	宜昌	5.33
泉州	2.21	厦门	0.45	—	—	南京	4.46

资料来源：中华人民共和国文化和旅游部.2022年第四季度全国星级饭店统计报告[EB/OL].2023-03-21.

第二节 我国旅游中等职业教育的发展情况

我国旅游业能否实现转型升级和产业融合协同发展，除资金和技术外，最为关键的是人才资源。旅游业的应用技术创新、管理创新、服务创新和商业模式创新，需要大批复合型创新型人才。旅游教育是旅游人才培养的基地，关系到我国旅游业的竞争力和可持续发展。

1978年第一所旅游中等专科学校南京旅游学校成立，1979年第一所旅游大专院校上海旅游高等专科学校成立，此后各校纷纷开设旅游专业。至2017年，全国开设旅游管理类本科专业（主要包括旅游管理、酒店管理和会展经济与管理等3个专业）的普通高等院校608所，开设旅游管理类高职专业（主要包括旅游管理、导游、旅行社经营管理、景区开发与管理、酒店管理、休闲服务与管理和会展策划与管理等7个专业）的普通高等院校1086所，开设旅游相关专业（主要包括高星级饭店运营与管理、旅游服务与管理、旅游外语、导游服务、会展服务与管理等5个专业）的中等职业学校947所[①]。南开大学韩宾娜教授将我国旅游教育划分为三个阶段：起步阶段（1978—1988年），改革开放促使我国旅游业获得极大的发展和进步，增加了对旅游从业人才的巨大需求，形成了多方位、多层次和多渠道的旅游教育格局；跨越式发展阶段（1989—1997年），旅游业对旅游人才的数量和质量提出了要求，实现了旅

---

① 中华人民共和国文化和旅游部.2017年全国旅游教育培训统计[EB/OL].2018-04-19.

游教育由初等教育与初级人才培养向高等教育与中高级人才培养的跨越式发展；繁荣和改革阶段（1998年以后），旅游市场渐趋成熟，旅游教育由粗放型教育模式向集约型教育模式转变，并在稳定中改革和不断深入[①]。

旅游中等职业教育是指在初等教育的基础上进行的中等旅游专业教育，办学形式包括旅游职业高中、旅游职业中专和旅游职业技校。旅游中等职业教育是我国学历旅游教育的创始者，在我国旅游教育的发展中曾经占有重要地位。1978年后，以旅游中专为龙头的旅游中等职业教育获得极大的发展，特别是在初期阶段为中国旅游业培养了大量的旅游专业人才。旅游中等职业教育是培养旅游一线服务人员的教育，属于基础旅游教育，是不可缺少的旅游教育层次。因此，如何继续发展和提高旅游中等职业教育，是旅游教育发展中不可忽视的问题。

旅游教育的培养目标是由国家最高旅游行政部门确定的，不同类型和不同层次的旅游教育具有不同的具体目标。我国现已形成中职、专科、本科、研究生多层次旅游教育体系。其中，旅游中等职业教育的培养目标为中级服务人员和基层管理人员。毕业生面向的职业岗位为酒店前厅、餐厅和客房等部门的服务与管理工作；旅行社的导游服务与管理工作；景区景点的服务与管理工作等。

我国旅游中等职业教育持续为行业、社会输送实用型人才，是我国旅游专业人才培养的重要组成部分。受新冠疫情影响，旅游行业的不景气使2020年后旅游中等职业学校招生人数均大幅下降。随着新冠疫情结束旅游业复苏，后疫情时代反而催生了旅游业的转型升级。后疫情时代旅游业格局的变化对旅游职业人才需求也提出更高、更新的要求。高位维持的市场需要量和教育标准化的明显提高，带动旅游中职教育持续提升办学科学化、规范化和产教融合的程度，教育教学质量逐年明显提高。

一、学生情况

（一）在校生情况

根据我国23个省份中等职业学校的样本结果分析，2020—2021年度旅游

---

① 韩宾娜. 旅游教育概论[M]. 天津：南开大学出版社，2010.

类各专业在校生占比排序情况如下：旅游服务与管理专业排位第一，主要原因是全国综合类中职学校基本开设有旅游服务与管理专业，基于办学条件把所招收的旅游类专业的其他专业的学生都纳入旅游服务与管理专业。高星级饭店运营与管理专业位居第二。中餐烹饪与营养膳食、西餐烹饪排名第三、第四。导游服务专业、会展服务与管理专业为第五名、第六名，较前一年均有所上升。旅游外语和景区服务与管理为第七名、第八名，较前几年下滑到最后。各专业由高到低排序，见图1-3。

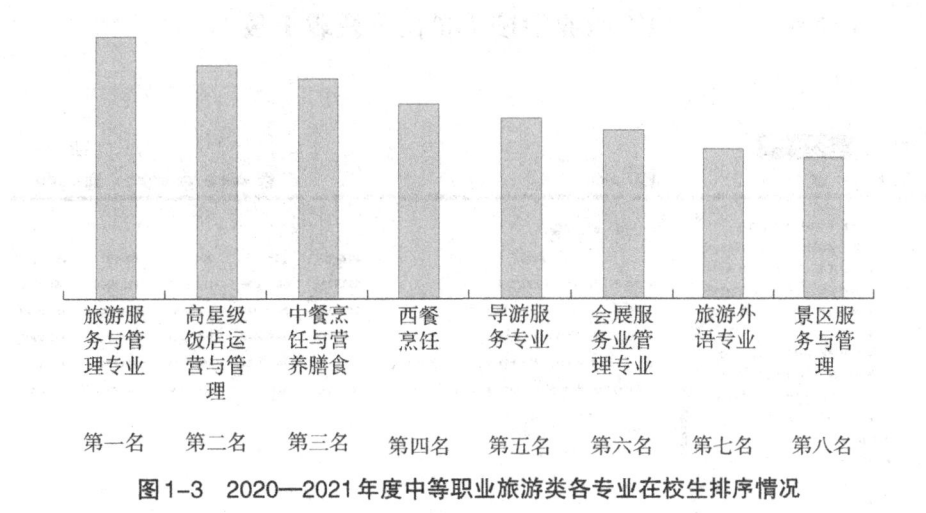

图1-3　2020—2021年度中等职业旅游类各专业在校生排序情况

（二）毕业生情况

据样本结果分析，2020—2021年旅游中等职业学校毕业生总数比2019—2020年下降了1.81%。各专业由高到低排序依次为：旅游服务与管理专业、高星级饭店运营与管理专业、中餐烹饪与营养膳食专业、西餐烹饪专业、旅游外语专业、导游服务专业、会展服务与管理专业、景区服务与管理专业。

（三）招生情况

2020年教育部办公厅发布《关于做好2020年中等职业学校招生工作的通知》，明确"坚持职普比例大体相当，适度扩大中职招生规模"。样本调研结果分析显示，2020—2021年度旅游中等职业学校招生数均大幅下降。各专业新生人数占比由高到低排序如下：旅游服务与管理专业、中餐烹饪与营养膳食专业、高星级饭店运营与管理专业、西餐烹饪专业、导游服务专业、会展服务与管理专业。样本中，旅游外语专业、景区服务与管理两个专业已经没有招到新生。这个结果和新冠疫情之下，旅游行业业态发生变化息息相关。

> **小资料**   **中等职业学校（机构）教职工数**

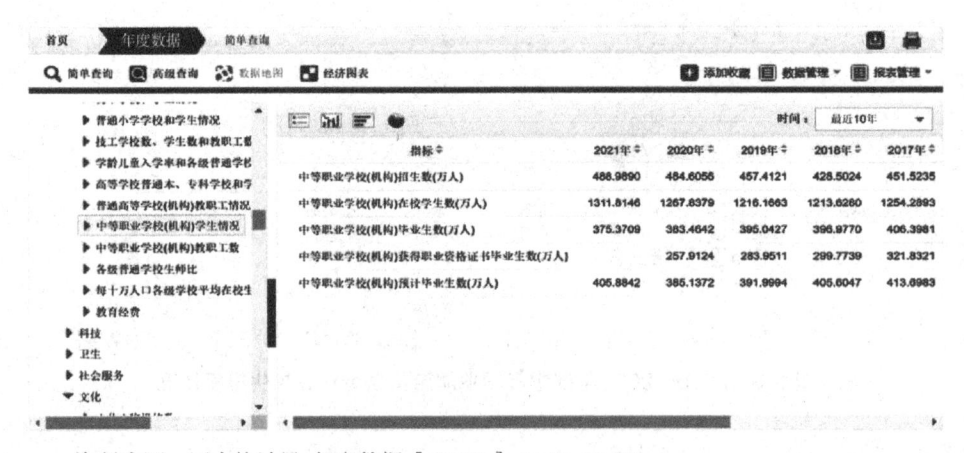

资料来源：国家统计局.年度数据.[EB/OL].2023-03-21.

二、师资情况

2020—2021年，样本结果分析：旅游中等职业学校平均师生比为17.38∶1，专任教师占比66.15%，聘用校外兼职教师占比33.85%，见图1-4。其中，企业兼职教师占比7.9%，双师型教师占比87.11%。

专兼任教师职称构成情况，占比从大到小依次为中级职称、高级职称、初级及以下职称。见图1-5，具有高级职称占比27.34%，中级职称占比48.13%，初级及以下职称占比24.53%。

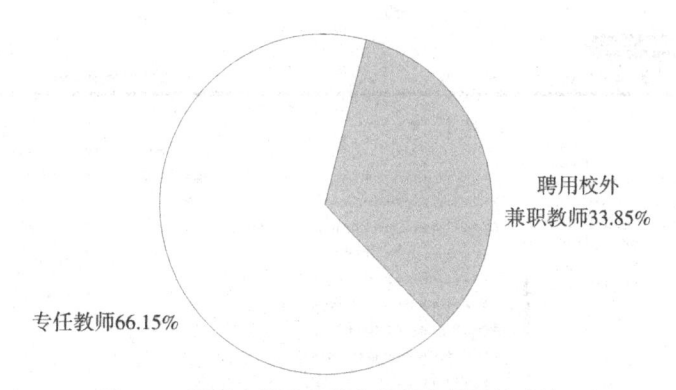

图1-4　旅游中等职业教育教师专兼职构成情况

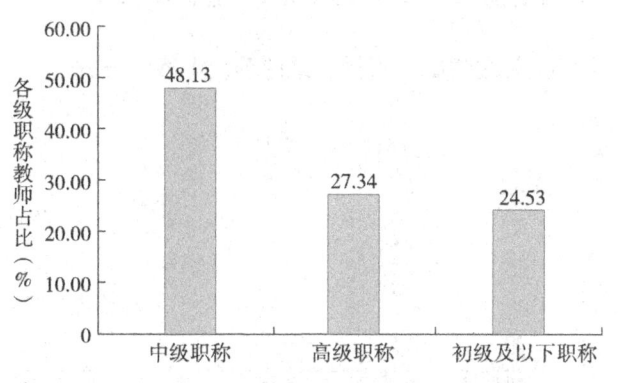

图1-5　旅游中等职业教育教师职称构成情况

> **小资料**　　中等职业学校（机构）教职工数

三、课程情况

调研样本结果分析显示，旅游类专业课程类别构成情况见图1-6，公共基础课程学时占总学时的比例约为33.15%；网络课程（共享课程、MOOC课程等）学时占总学时的比例约为37.93%；实践课程（军训、劳动课、实训课、生产性实训、跟岗实习、顶岗实习等）学时占总学时的比例约为40.17%；理论课程的学时占总学时比例约为34.12%；理实一体化课程的比例约为25.71%。网络课程学时增加和2020年全国突发新型冠状病毒感染疫情有关，不少开设旅游类专业的中职学校延退开学到校，通过互联网形式开学，采用上网课的方式进行

资料来源：国家统计局.年度数据.［EB/OL］.2023-03-21.

教学。全国不少学校首次尝试了直播、录课等线上教学方式。

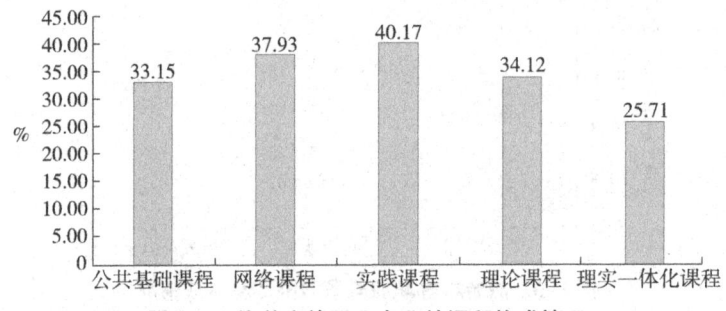

图1-6 旅游中等职业专业的课程构成情况

公共基础课程 33.15%
网络课程 37.93%
实践课程 40.17%
理论课程 34.12%
理实一体化课程 25.71%

有36.67%的学校开设有创新创业类课程，这类课程包括：就业心理与创业指导、中职生创新创业教育实践、调酒和咖啡制作、非遗+旅游、旅游VR设计与应用、创新茶调饮、西点烘焙、插花艺术、茶艺茶技表演等。

创新创业类课程师资来源见图1-7，有43.33%的学校师资来自校内专任教师；23.37%的学校来自校外兼职教师，有33.3%的学校来自其他途径如委托相关专业公司或者校企合作企业共同完成。

四、教育教学改革

（一）开展线上教学和培训

教育部，人社部，省市教育、人社厅局先后提出停课不停学的要求，提倡实

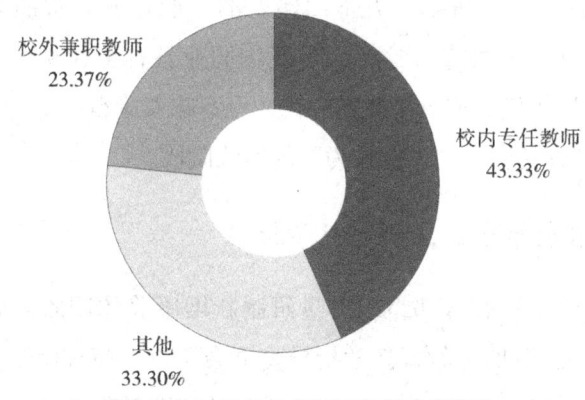

图1-7 创新创业类课程师资来源情况

（校外兼职教师 23.37%，校内专任教师 43.33%，其他 33.30%）

施网上远程教学，提倡使用信息化、现代化教学手段，推进教学现代化进程。

中国旅游协会旅游教育分会更是积极作为，向全体旅游院校发出《关于延期开学期间充分利用在线教学资源开展教学活动的倡议书》，引导院校充分利用在线课程平台、直播课堂、微信群等多种手段转变教学方式，推荐旅游管理类在线开放课程累计130门、专业基础书目67册。线上培训的方式突破了线下培训人数的限制，培训的规模、覆盖范围远超往年，培训质量和社会效益也超出预期。

（二）落实国家政策，完善教育机制

2019年国务院印发《国家职业教育改革实施方案》，强调把职业教育摆在教育改革创新和经济社会发展中更加突出的位置。2020—2021年度旅游中等职业教育受到新冠疫情冲击，所有学校都面临竞争加剧的挑战，这反而倒逼各学校进一步激发办学活力，提高人才培养质量，寻求更多合作和支持。

2020年新冠疫情发生以来，全国旅游中等职业教育战线积极行动，克服困难，在做好复课复学、毕业生升学就业等工作的同时，持续推进落实"1+X"证书制度试点等教学改革；开展旅游职业教育校企深度合作项目建设，促进产教融合、校企合作；开展全国旅游职业教育"课程思政"展示活动，坚持立德树人，把思想政治工作贯穿教育教学全过程，实现全程育人、全方位育人。旅游中等职业教育众多学校还参与开展中国旅游人才供需研究等工作，参与旅游类国家级、省级示范校（专业）建设，大力推进旅游职业教育高质量发展。

2020年9月，由教育部等九部门印发的《职业教育提质培优行动计划（2020—2023）》正式发布。这标志着我国职业教育正在从"怎么看"转向"怎么干"的提质培优、增值赋能新时代，也意味着旅游中等职业教育从"大有可为"的期待开始转向"大有作为"的实践阶段。

（三）新增康养专业，研制教学标准

2020—2021年，教育部组织力量研制新增康养休闲旅游服务专业的教学标准。在全国旅游职业教育教学指导委员会（以下简称旅游行指委）的指导下，由四川省旅游学校牵头，全国多所旅游职业学校共同参与，研制完成康养休闲旅游服务专业标准。年底四川省旅游学校、旅游教育出版社联合举办的"首届康养休闲旅游服务专业师资培训暨系列教材编写研讨会"在成都召开，全国20多个地区院校的60多位专家、教师参加，全国首套康养休闲旅游教材正式出版发行，填补了职业教育无康养休闲旅游系列教材的空白。

（四）推进"三教"改革，加快中职教育发展

全国旅游中等职业教育相关学校在贯彻落实《国家职业教育改革实施方案》的背景下，重点关注并研究解决旅游中等职业教育教师、教材、教法中存在的问题，抓住旅游中职教学改革的"牛鼻子"，对进一步深化内涵建设具有重要的实践意义和理论价值。

推进"三教改革"，教师要有意识向"双师型"教师转变，脱离单一发展模式，转变人才培养观念，优化教学模式。

五、就业情况

根据对我国23个省份旅游中等职业学校的样本结果分析，2020—2021年旅游中等职业学校毕业生总数比2019—2020年下降了1.18%。旅游类专业在校生毕业生总体就业率约为77.41%。毕业生行业内就业率为47.32%，近三届毕业生行业内就业率平均值为61.57%。总体就业率、行业内就业率以及近三届毕业生行业内就业率均呈现下降趋势。下降原因和旅游行业遭遇新

冠疫情，旅游行业按下暂停键后又缓慢复苏直接相关。

在毕业生待遇方面，样本结果分析显示，旅游类专业毕业生就业一年的月收入：2000~3000元占比21.34%，3000~4000元占比38.69%，4000元以上占比39.97%；2020—2021年旅游类专业毕业生就业三年后的月收入：3000~4000元占比19.16%，4000~5000占比29.44%，5000元以上占比51.4%；毕业生就业五年后的月收入：4000~5000元比9.33%，5000~6000元占比23.15%；6000元以上占比67.52%，见图1-8。

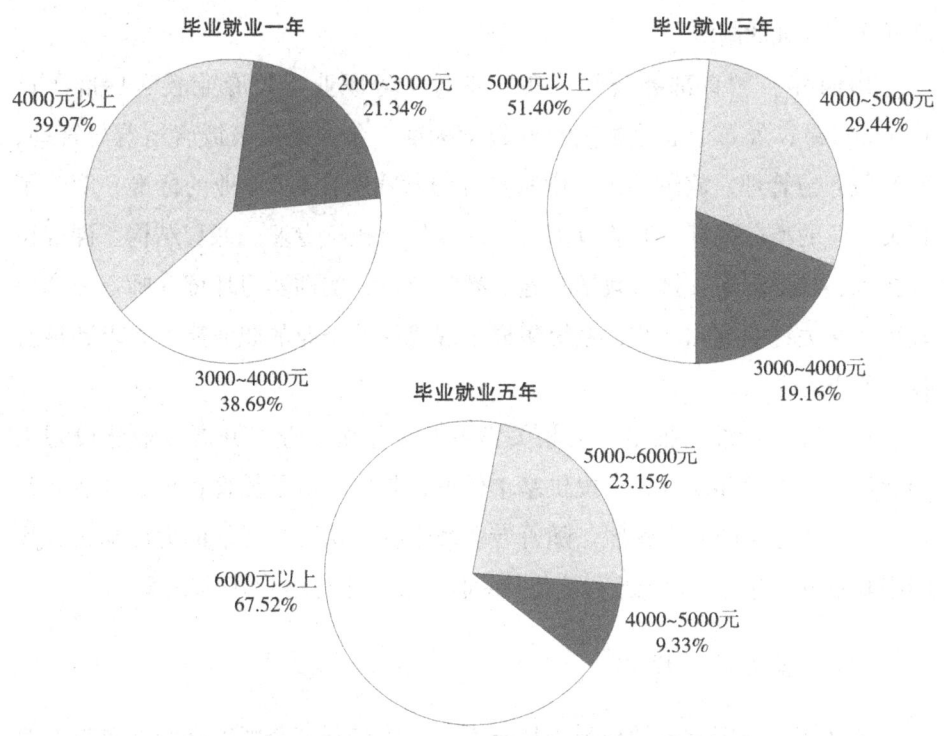

图1-8　旅游类专业毕业生就业一年、三年、五年的月收入情况

第三节　中职旅游服务类专业的发展方向和策略

一、建立专业建设标准体系

从松散型管理、经验型办学向规范化管理、科学化办学的转变，是旅

游中职教育发展的趋势，是现代旅游职业教育自我改革、自我完善的迫切需求。

（一）落实专业教学标准

我国中职旅游教育起步于改革开放初期，在没有成熟经验可供借鉴的情况下，逐渐突破理论色彩浓厚的问题，积累了培养实用型旅游人才的丰富经验。随着中职旅游教育的规模发展和自我完善，标准化办学、标准化管理、标准化监控是旅游专业教育继续发展的迫切需要和内在需求，催生了专业标准和实习标准的制定。

2014年，教育部办公厅公布首批《中等职业学校专业教学标准（试行）》目录，发布中职旅游类专业教学标准，包含高星级饭店运营与管理、旅游服务与管理、旅游外语、中餐烹饪与营养膳食4个专业的标准，明确了相关专业的培养目标、职业范围、人才规格、接续专业、课程结构、课程设置要求、教学时间安排、教学实施、教学评价、实训实习环境和师资配套等教育教学关键领域和环节，系统集成了现代旅游企业的职业能力要求和核心技术要点。

专业教学标准的推出，为相关学校开设旅游专业、开展专业建设划出"底线"，为教学和质量评估提供基本依据，是中职旅游教育各核心专业教育教学标准化办学的基本参照。随着专业教学标准执行、评估的力度加大，我国中职旅游教育的自觉规范程度将持续提升，走上标准化办学轨道。

（二）落实实习标准

2014年，全国旅游教育教学指导委员会主持制定全国中高职旅游类专业实习标准，明确规范实习目标、时间安排、实习条件、实习内容、实习管理、考核评价、实习成果等实习关键领域，提供具体参考指标，为解决中职旅游教育松散型实习教学管理模式打下制度基础。

实习是旅游职业教育改革的突破口。制定实习标准，是对长期以来松散型实习管理模式的被动调整，推动形成实习教学管理"标尺"，倒逼实习教学整体转型，解决顶岗实习等于顶岗干活的问题，回归旅游职业教育实习教学的本质。

（三）建立专业质量评价体系

教学质量评价对教育宏观管理具有重大意义。要促进每一个学生成才，必须建立起一种服务性评价体系，这种体系能够考察教师、学校、地区对每个学生的成才起了多大的推动作用，根据这种评价的结果对教育活动及时给予指导，并提出改进方案。目前，中职旅游教育评价学生学习质量的主要途径是技能考证和期末考试。技能考证主要考察核心技能掌握情况，不能覆盖旅游专业人才学业素养；期末考试由学校组织实施，存在明显的效度和信度缺陷。学生学业水平测试长期缺位，教育质量监控缺少"最低尺度"，学生学习缺少"达标底线"，严重影响教育教学质量的提高。

综观中外教育，学业水平测试是教育绩效监控质量评价的有效方式。其历史悠久，起源于20世纪中叶，现已成为美国、英国、法国、德国、加拿大、澳大利亚、新西兰、日本、韩国等发达国家以及我国台湾和香港地区普遍实行的重要考试制度。建立科学完善、符合我国产业发展的中职旅游教育学生学业水平测试机制，建立可量化的第三方教学质量评价机制，提供中职教育教学效果的横向和纵向比较依据，指导学校在"最低达标尺度"的引领下在教学课堂主阵地配置资源和投放精力，是中职旅游职业教育评价模式改革的关键环节。

二、升级专业建设内涵

（一）深化产教融合

中职旅游专业升级将在产教融合框架下深度发展，触碰并着力解决专业建设的实质性问题：在深化产教融合方面，吸引企业融入职业教育；在教学内容改革方面，实习职业教育对接岗位工资；在课程设置方面，实习素质教育和技能培训同步进行；在实训教学改革方面，使学生完成"学生—学徒—准职业人"的转变；在引进企业师资方面，使指导教师完成"职业人—师傅—人师"的转变。

（二）推广一体化教学方法

加强学情研究，掌握青少年学习规律，发掘中职生学习潜力，弥补其学习习惯和文化基础两方面的不足。重视中职学生的活动能力，在分析讨论、情境演练环节中，中职生源学生的积极性明显高于普高生源学生，发言活跃，求胜欲望较强。正视中职学生的弱项，充分考虑其文化科目基础较薄弱、学习习惯未建立的事实，推广和普及落实一体化教学方法，激发中职生的学习兴趣，引导他们融入课堂实践，重树专业学习和专业发展的信心，树立正确的职业观，获取成功的学习经验，培养综合职业能力。

（三）规范双师培养机制

明确双师型师资标准，将企业工作经历纳入双师要求，鼓励教师参加实习生管理和企业一线工作，提升专业实操能力和职业认知能力。健全双师型师资队伍培养机制，学校结合工作实际和专业发展，为教师量身定制双师培养方案，签订师资培养协议，有标准、有措施、有目标地派送教师参加职业培训、课题研究、教育教学和企业实践，为教师成长创造良好条件和政策约束。探索建设教师教学质量评价模式，落实评价措施，明确师资考核内容、考核方式、验收时间和评分细则，搭建规范化竞争平台。

（四）丰富旅游实训内涵

旅游产业文化进校园，对提高专业吸引力、丰富校园生活具有良好的促进作用。中职学校的旅游实训基地建设空间巨大，打破单一的技能实操模式，走向综合性的文化体验、职场训练和综合能力、创业能力培养，发挥实训基地的边际效应，是中职旅游实训基地建设的发展趋势。例如，江苏省宿豫中等专业学校创业一条街的学苑宾馆、四方旅行社、茶社、糕点店等已成为旅游专业学生创业的"孵化器"；广东旅游职业技术学校的旅游体验街区为学生建设了融合"吃住玩游购娱闲养"等要素的实训基地，成为引导学生主动体验、全真服务、实训实操、创业经营的场所，在学校教师和企业员工的指导下开展实景练习。在开放的教学环境下能更好地锻炼学生的应变能力和解决实际问题的能力，从而提高学生的综合素质。

（五）健全职业指导机制

探索建立科学有效的旅游专业课程体系，充实和完善职业指导课程内涵，建立以职业生涯规划、创业指导和就业指导三方面内容为主的课程体系。结合各校教学实际，实施理论与实践紧密结合的全程化职业指导，循序渐进地培养学生的职业认知和职业感情；完善就业指导培训体系，指导学生掌握职业发展知识，积累职场人际交往经验，明确求职能力要求和发展方向。

三、优化中职旅游教育结构

（一）调整专业教育结构

近年来，中职旅游教育毕业生的数量不能满足行业需求，酒店类专业毕业生尤其抢手。针对规模不足的问题，中职旅游教育需要继续扩大办学规模，满足人才市场需求。针对近年来专业分布规模对接产业不合理的现状，在专业选择方面，加大专业选择指导力度，引导学生选择人才缺口较大的酒店类专业。

（二）增强优质学校的辐射带动能力

目前，我国绝大多数招收旅游专业的中职学校存在招生数量、师资规模较小，产教融合度低，实训条件差等问题，为招生而设专业，难成气候。与小规模办学相对，老牌旅游中专办学经验丰富，办学特色鲜明，产教融合度较高。重点打造一批优质学校和旅游职教集团，增强优质资源的辐射和带动作用，是整体提升中职旅游教育质量的可行选择。

（三）探索中高职一体化培养

实践证明，实施中高职一体化培养，有利于突破目前"三二对接"模式存在的培养目标难分级、培养阶段不对称、课程对接不合理等难题，形成科学有效的旅游人才培养体系。中高职一体化的培养模式最有利于培养既能担任一线服务人员，又能从事管理工作且长期留任旅游行业的高职学历员工，符合初、中级旅游人才的成长规律，适合旅游企业人力资源队伍建设的需要。

第二章
中职旅游服务类教师的工作职责

随着我国经济的飞速发展，新的世纪开始，我国进入全面建设小康社会的新纪元。人民生活水平不断提高，我国经济的持续快速发展为旅游产业的发展提供了更大的发展空间。旅游业进入黄金发展时期，旅游专业的教学也越来越受到重视。这要求中职旅游专业教师培养出来的人才必须能够胜任旅游业各岗位的工作，向社会不断输送旅游专业人才。

第一节　学科教学

旅游服务与管理专业是随着旅游经济发展和旅游产业发育而建立起的一个新型专业，其目标在于为旅游产业培养具有旅游管理与服务专业知识，能在各级旅游行政管理部门、旅游企事业单位从事旅游管理与服务工作的高级专门技术人才。为此，应全面地认识和把握好当前中职旅游服务专业教学方面的现状，找到旅游专业教学的有效策略。

一、中职旅游专业的特点

中职旅游专业人才培养模式是以能力为中心，以就业为导向，以培养学生实际操作能力为基础的教育体系，其人才培养目标是培养德、智、体、美、劳全面发展的高素质人才，培养既具有一定的旅游管理理论基础，又能熟练掌握现代旅游行业的服务与管理技能，具有一定的外语交流能力、计算机应用能力、营销策划能力，又具备良好旅游职业道德修养，较强的服务意识和综合职业能力，能适应旅游企业一线需要的高素质技能型人才。

二、中职学校旅游专业教学的现状

（一）课程设置不科学，课时比例不合理

由于中职学校数量众多，主办单位不一，旅游专业开设历史不长（1978年开始），又由于专业定位不准确，培养目标不清晰，课程设置随意性较大。有的学校是出于"标新立异，吸引生源"的缘故，不顾专业与专业间的差别而强行整合成一个专业设课；也不顾同专业内部课程必然的内在联系，想当然地设置课程。还有些学校因教材设课、因人设课，不按照教学大纲的要求与培养目标来设置课程。有的学校开设课程前后倒置，不清楚哪些课程先开，哪些课程该后开，有的课时比例严重失调。种种做法或多或少地违背了教育教学规律，违反了循序渐进等常规教学原则。结果学生学习起来感到困难，学习积极性不高，达不到预期的学习效果；教师教起来也倍感棘手，教学任务难以完成，教学效果不尽如人意，教学目标难以达到。

（二）教学过于理论化

大部分中职学校的旅游专业教师把精力都放在理论教学上，结合教学目标和教学大纲制订教学计划，画出重点课程内容，对学习的重点、难点进行教学；学生大部分的时间都是在教室里完成专业理论的学习，相当一部分内容都是死记硬背，致使学生的学习积极性、主动性、创造性大减，严重影响教学效果和目标。

（三）实践教学没有针对性

实践教学不被重视，没有形成体系性的教学。即使有的中职学校意识到要把理论教学与实践教学结合起来，但只是把实践教学作为辅助开展。很多中职学校的旅游专业没有对实践教学的目标进行正确定位，致使教学内容与

实训目标脱离，在具体的实践教学中只是针对某一课程的某一项或者某一些内容进行，并不能达到系统地掌握专业知识、全面培养专业技能的目的。

（四）教学模式过时

中职旅游专业的教学模式比较陈旧、刻板，往往是照本宣科，即教师根据课本的知识进行备课，画出重点、难点，然后进行教学。看似学生掌握了基本知识，而实际上学生在学习过程中缺乏目的性，对旅游行业并没有整体认识，对旅游专业的学习提不起兴趣，从而导致即使学生死记硬背在考试中取得很好的成绩，到了实际的工作岗位上也无所适从，根本达不到学以致用。

（五）师资薄弱

中职学校旅游服务与管理专业的办学时间并不是很长，很多学校是在不成熟的条件下办起旅游专业，绝大多数学校的师资、实训设施并不能满足教学的要求。大部分旅游专业教师都是刚毕业的大学生，甚至一部分教师是因为专业的需要从其他的学科转过来的，他们不仅缺少社会工作经验，甚至连最基本的理论知识都不专业，在实际的教学中只能照本宣科传授理论知识，而不能胜任实践教学的工作；有一小部分的旅游教师是外聘的行业从业人员，他们虽然有丰富的旅游工作经验，但缺乏教师职业素养，并不能很好地完成教学工作。在这样的师资力量下，中职学校旅游专业培养的学生很难达到市场对人才需求的目标。

三、解决旅游专业教学现状的策略

（一）以学生为中心

教学必须贯彻"以人为本"的原则，在学习过程中强调以学生为主体，诱导学生主动发现、主动探究、主动获取知识。学生是整个教学活动的主体，教师则扮演指导者、帮助者、引导者的角色。要想为学生营造主动学习的良好氛围，引发学生的学习动机，发展学生的思维能力，就应当以学生为中心创设轻松愉悦、悬念疑问、竞争激烈、积极上进等情境，这样才能提高学生的学习水平，使其掌握扎实的专业知识。叶圣陶先生说："教是为了不教。"旅游专业的课堂教学，一定要做到使学生从依赖教师到独立学习，使教学过程真正成为以学生为主体的基本过程。因此，在旅游专业的课堂教学中，我们必须想方设法让学生动脑去学、动手去做。如《旅游地理》的教学，课前可让每位学生准备一个自己熟悉的景观，教师在介绍导游讲解的方法和要领时，让同学们模仿训练。这样，学生由理论到实践，可较为轻松地掌握基本技能，同时能更加充分地认识到"看景不如听景"，进而提高学生的服务意识、导游讲解水平和技巧。在学到旅游规划时，可以让学生来设计一些旅游线路，并在课堂上展示讲解。除此以外，在中西餐服务技能、客房服务技能中，都应是以实践为主要的教学方法，充分体现"做中教、做中学"的教育教学特点，不仅可以增强学生的学习兴趣，而且能提高课堂效率。所以，旅游专业的课堂教学，要把学习的主动权充分交给学生，让学生真正成为教学的主体，通过学生自己的操作实践，巩固知识并掌握技能。同时通过课堂教学情况的及时反馈，促使教师进一步发挥主导作用，引导学生不断观察、模仿、纠错、实践、创造。

（二）重视实践教学

中职院校是为国家和社会提供技术性人才的教育机构，随着职业教育的发展，在加强素质教育的同时也更加关注职业技能的培养。提倡在教学过程中对学生的专业技能进行发展和培养，让学生能够有效提升自身的专业技能，提高学生的社会竞争能力。中职的旅游专业教学更是培养学生实践能力的一门学科，所以说应该采取有效措施来开展实践教学。

1. 加强师资力量建设，开展专业技能教学

教师的专业素质对教学质量有着很大的影响。作为教学的引导者，教师发挥着重要的作用，自身的专业素质以及课堂表现起着带头作用，在一定程度上能够形成榜样的力量。在现代教学当中，为了加强学生的专业技能，应该首先加强师资力量的建设，为高效课堂的建设打下坚实的基础。在传统教学方面，一般来说都是比较注重教师的理论知识和素养，很少对教师的实践能力进行考察，因此，很多教师虽然理论讲解得比较到位，但是并不一定真正参与过实践活动。若具有这方面的经验之后，在加强师资力量建设的时候就应该朝着双师型教师的方向来培养，培养教师的专业水平以及实践能力，让教师各方面的能力都能够有所发展。学校方面也应该积极推进师资力量的建设，比如，定期对在校教师进行培训，提高教师素养，特别注意的是要对教师的实践能力进行培养，可以让教师给学生做好示范作用，演示一些旅游实践操作技巧等，让学生能够切实看到教师的能力，使教师真正起到示范和榜样的作用，从而激发学生的学习热情。所以说在中职旅游专业教学中加强教师的专业技能是非常必要的，从最基础的师资力量做起，有效提高教学的整体质量。

2.建立校外实训基地，加强实践能力培养

旅游本身就是一门实践性较强的学科，需要不断地拓展模拟训练才能够培养学生的实践能力。一般来说学校方面为了加强学生实践能力的培养，会建立一些校内外的实训基地，为教学的开展提供更加便利的条件。实训基地的建设主要按照专业不同而设立不同的基地，按照职业具体规划来进行实物的模拟或者是仿真系统等，让学生在相对真实的实践环境下来学习。另外，实训基地要具备多种功能，要有演示、实训、生产等多种功能，并适当结合理论来开展实践训练。这样的教学能够有效地加强学生的技能水平，并且能够让学生提升自身的实际语言表达能力、交际能力和实际操作能力等。除了建立校内的实训基地，还应该加强校外实训基地的建设。学校方面应该加强与企业之间的合作，让学生在真实的社会环境中得到锻炼。学校方面为了培养学生的实践能力，可以与一些校外的旅游机构签订合同，让部分学生到该机构进行顶岗实习，学生在这样真实的实训基地中能够学到更多的东西，这与校内模拟的实训基地有着很大的区别。在这样真实的工作环境当中，学生会更加有动力去进行实践练习，另外相应的环境氛围会更加有利于学生能力的培养，旅游专业的学生本身就需要大量的实践练习才能够提升自身的能力，需要将各种专业的描述以及各个景点的相关历史背景了然于胸，另外面对观众进行讲解的时候要表现出亲和力和吸引力，这样才能够成功地吸引游客的注意力。校企之间的合作，对学校和企业来说是双赢，企业为学校提供了校外实训基地，学校能够为企业提供更加专业的人才，这二者之间是相互影响、相互受益的。校外实训基地的建立也给学生带来了更好的学习场所，并有效地提升其实践能力。

3. 开展竞争竞技活动，促进教学改革发展

在中职旅游专业教学中，教师可以适当开展一些比赛、竞技活动。中职学生本身就处于竞争意识比较强的时期，另外当前激烈的社会竞争环境也要求学生必须具备一定的竞争意识，才能够在当今的环境下有发展的机会。所以说，教师应该在课堂教学的时候开展一些具有竞争性质的小活动，让学生在参与活动的过程中提升自身的专业技能。在竞争环境氛围内，学生也会更加愿意去提升自身的能力。相对来说整体环境的变化会给学生带来一定的影响，让学生对自身掌握的基础知识以及专业技能足够重视起来。这样一来才能够在教师组织开展的活动中展现自身的能力。比如，教师可以开展"技能比拼"，每位学生都可以参与其中，根据教师提出的主题来进行旅游知识的拓展，尽量对专业知识进行拓展延伸，学生之间也会形成一种积极讨论的浓郁的学习氛围，从而带动整体教学水平的提升。

总而言之，在中职旅游专业技能教学当中，对于理论以及技能都应该高度重视，各个方面能力的均衡培养和发展才能够有效促进学生能力的提升。另外学校方面应该采取有效的措施，加强师资力量的建设，积极寻找校外实训基地等，让学生能够有更加良好的学习氛围，在教学的过程中培养学生的专业技能以及竞争意识，提高综合实践能力。

（三）优化课程设置

中职教育一般为三年制，采用"2+1"的模式，即前两年在学校学习，第三年则是到旅游企业实习。在校学习期间，应合理优化课程设置，把传统公共课和次要的专业课放在第一年，把重要的、与社会接轨的专业课放在第二年。这样的安排突出了各门科目的主次性，学生才能有序地学习，分清轻重。第二年学习真正与市场接轨的科目，既避免遗忘，又能真正实现素质教育目标，也体现了循序渐进的教学规律。在学习过程中学习强度逐渐加大，学生自然会越来越重视学习，从而提高课堂教学效率。课程内容的优化与课程体系的设置是整个教育专业改革的重点。中职旅游专业课程体系的构建关系到人才培养的实效性，因此课程体系构建不仅要重视基础的专业知识，还应当让学生具有牢固的文化理论基础。但是，最关键的还在于培养学生的实践技能，能够将理论和实践有效地结合在一起。由于教师在实践能力方面有些欠缺，所以学校应当多请教旅游界的一些专家，让他们用自己的亲身经历去加深学生对课程的理解。课程体系的构建需要具体的实践经验才能准确地把握当前旅游行业的需求和动态。

（四）灵活使用多种教学方法，增强课堂教学的趣味性

"教学有法，教无定法，贵在得法。"教学方法有很多也各有其特点，在教学中如何选择合适的教学方法，使其更好地发挥作用，值得每一位旅游专业教师细细思考。日常教学过程中经常使用的教学方法有：项目教学法、分组教学法、案例教学法、情景教学法。

1. 项目教学法

这是一种典型的以学生为主体的教学方法。学生亲身体验一个具体任务完成的全过程，在这一过程中学生自主学习掌握课程的教学内容，教师在其中起辅助作用。学生全部或部分独立组织、自主安排学习方式，解决在任务完成过程中遇到的问题，能充分调动学生学习的积极性，提高学生的兴趣。

2. 分组教学法

即根据学生实际情况及教学内容的要求将学生分成不同的组进行教学的一种教学组织形式。对学生的分组遵循优、中、差搭配的原则，以最大限度地优化学生资源。学生通过讨论，在小组或团队中展开合作学习。所有的人都能参与到明确的集体任务中，强调集体性任务，强调教师放权给学生。合作学习的关键在于小组成员之间相互依赖、相互沟通、相互合作，共同负责，从而达到共同的目标。通过开展课堂讨论，培养思维表达能力，让学生多多参与、亲自动手、亲自操作、激发学习兴趣、促进学生主动学习。

3. 案例教学法

案例教学法起源于20世纪20年代，由美国哈佛商学院（Harvard Business School）所倡导。当时是采取一种很独特的案例形式的教学，这些案例都是来自商业管理的真实情境或事件，通过此种方式，有助于培养和发展学生主动参与课堂讨论，实施之后，颇具成效。这种案例教学法到了20世纪80年代，

才受到师资培育的重视，尤其是1986年美国卡内基小组（Carnegie Task Force）提出的报告书《准备就绪的国家：二十一世纪的教师》（*A Nation Prepared: Teachers for the 21st Century*）中，特别推荐案例教学法在师资培育课程的价值，并将其视为一种相当有效的教学模式。国内教育界开始探究案例教学法，则是20世纪90年代以后之事。

案例教学法即教师对旅游行业中的具体工作进行收集、分析、筛选、整理，选取有实用价值、具有教学典型的案例进行教学，使教学更加具体化、形象化，学生更容易理解和掌握所学知识。在教师的指导下，由学生对选定的具有代表性的典型案例，进行有针对性的分析、审理和讨论，做出自己的判断和评价。这种教学方法能拓宽学生的思维空间，增加学习兴趣，提高学生的能力。案例教学法在课程中的应用，可以充分发挥它的启发性、实践性，开发学生的思维能力，提高学生的判断能力、决策能力和综合素质。

小资料　　教学方法

1. 讲授法。是最基本的教学方法。对重要的理论知识采用讲授方法，可以直接、快速、精练地让学生掌握，为学生在实践中能更游刃有余地应用打好坚实的理论基础。

2. 案例教学法。在教师的指导下，由学生对选定的具有代表性的典型案例，进行有针对性的分析、审理和讨论，做出自己的判断和评价。这种教学方法拓宽了学生的思维空间，增强了学习兴趣，提高了学生的能力。案例教学法在课程中的应用，充分发挥了它的启发性、实践性，开发了学生的思维能力，提高了学生的判断能力、决策能力和综合素质。

3. 情景教学法。是将本课程的教学过程安置在一个模拟的、特定的情境场合之中。通过教师的组织、学生的演练，在仿真提炼、愉悦宽松的场景中达到教学目标，既锻炼了学生的临场应变、实景操作的能力，又活跃了教学气氛，提高了教学的感染力。学生们通过亲自参与环境的创设，开阔了视野，自觉增强了科学意识，提高了动手能力，取得了很好的教学效果。提高学生实践能力的最好办法就是采用此种情景教学法，这种教学方式的运用既能满足学生提高实践能力的需求,也能体现其方便、有效、经济的特点,能充分满足教学的需求。

4. 讨论法。学生通过讨论,进行合作学习,让学生在小组或团队中展开学习,让所有的人都能参与到明确的集体任务中,强调集体性任务,强调教师放权给学生。合作学习的关键在于小组成员之间相互依赖、相互沟通、相互合作,共同负责,从而达到共同的目标。通过开展课堂讨论,培养思维表达能力,让学生多多参与,亲自动手,亲自操作,激发学习兴趣,促进学生主动学习。

5. 体验学习教学法。"体验学习"意味着学生亲自参与知识的建构,亲历过程并在过程中体验知识和体验情感。它的基本思想是:学生对知识的理解过程并不是一个"教师传授—学生聆听"的传递活动,学生获取知识的真实情况是学生在亲自"研究""思索""想象"中领悟知识,学生在"探究知识"中形成个人化的理解。这种亲自体验的学习,大大地激发了学生学习的积极性和主动性,收到了非常好的教学效果。唤起了学生的"求知热情",使学生在"求知兴趣"和"求知信仰"的支持下热情地求知,这时,真诚热情的态度就化作了理智的力量。

一、案例教学前的准备工作

这阶段主要工作包括:选择恰当的案例、拟订思考题、确定案例教学组织形式。

1.要选择好恰当的案例。案例的选择是实施案例教学的前提,案例材料既要符合教学目的,又必须适合课堂演练。一般来说,一个好的案例有以下几个特点:

(1)与教学内容和学生的兴趣相关。

(2)具有代表性,有实际意义。

(3)能充分体现解决问题所需的理论与技能的实用价值。

(4)案例的启发法,易于渗透德育。

(5)易于理解,便于讨论,引人深思,有讨论空间。

（6）案例内容与教学时间相适应。

2.准备好案例后，教师要反复钻研案情，结合学生现状，并根据教学目标要求和案例的内容拟订并确定思考题或讨论题。题目要具有一定的启发性、诱导性、可争辩性，有利于使学生通过讨论、争辩进一步深化所学理论知识。

3.确定案例教学组织形式。案例教学的基本形式是讨论。讨论的形式有以个人发言为主的小型分析讨论会，有角色模拟演练会，有分组集体讨论会，还有大型辩论会等。

二、案例教学的组织过程

从类型来说，案例教学一般分为三类：①问题评审型，就是给出问题和解决问题的方案，让学生去评价；②分析决策型，就是不给出方案，需要学生讨论分析以提出决策方案；③发展理论型，就是通过案例，发现新的理论生长点，发展并不断完善理论体系。案例法教学必须根据教学内容的不同和教学目的需要而设置，既可以采取授课过程中穿插举例，也可以采取专题性或综合性案例分析和讨论。一般可采取以下步骤：

1.展示案例，介绍背景情况，拟订讨论题目

案例资料的展示可采用文字、教师讲述、影音文件、模拟场景重现等方式。

2.设置疑问指导，组织讨论

学生进入案例情境之中，教师应立即设疑问难，要求学生剖析解惑。教师则应围绕题目中心给予必要的引导，以免偏离案例分析讨论的目的和要求。讨论可分为两个阶段进行：①组织小组讨论，这一阶段为每个学生提供了发表自己的看法、认识、见解的机会。在这一阶段，强调学生的合作精神，通过合作，拓宽学生的思维空间。②组织班级交流，班级交流是在教师的指导下进行的全班所有学生积极参与的活动，是小组讨论的延续与深入，其主要任务是解决小组讨论阶段遗留的有争议的问题。

3.教师总结评价

在学生已充分发表了各自的观点，基本达到了教学目的时，教师应及时

进行总结、讲评和答疑。学生在教师的总结评价过程中得到认知结构的调整与完善、情感的升华、能力的提高。

三、案例教学法实例

🏠 案例内容提示

某星级酒店内，餐厅服务员正在为一群客人服务，服务员发现一位客人顺手拿了一把银匙塞进自己的口袋里。实践步骤：

（1）事先请班上的学生模拟服务场景，并用摄像机录像制成课件。

（2）学生带着问题观看模拟服务场景的影片。（提问：客人拿了什么？能拿走吗？怎样才能在不伤客人脸面的情况下，巧妙地保护饭店的利益呢？）

（3）学生带着问题讨论处理问题，教师穿插引导学生分析问题，得出处理问题的原则。

（4）能力训练，模拟"实战"，学生亲自解决问题。

🏠 案例评析

（1）坚持"宾客至上"原则。

（2）客人顺拿餐厅物品的处理方法：注意方式方法和分寸，尽量不在大庭广众之下索回，语言上含蓄婉转。

（3）注意准确掌握客人的心理，给客人台阶下。

四、案例教学法运用时应注意的问题

1.对于案例的运用，要注意不同的教学法的整合

教师应充分利用音、影、文字等多种媒体进行形象的、直观的、生动的展示，以激发学生的学习兴趣，刺激学生解决问题的欲望。

2.加强案例的收集、编写和选择工作

教师在平时做有心人，要收集高质量的、能使学生举一反三、触类旁通的典型案例。

3.在教学中，对教师有很高的技能技巧的要求，同样对学生要求也高

在职业高中的教学中引进案例教学法，应考虑对职业高中学生的实际情况采用有针对性的案例，案例内容主要以"服务为主，管理为辅"。

4.要正确处理好案例教学法与其他教学手段的关系

作为一名优秀的教师应懂得不同教学手段的优缺点，扬长避短，灵活运用多种教学手段。

4.情景教学法

情景教学法是将课程的教学过程安置在一个模拟的、特定的情景场合之中。通过教师的组织、学生的演练，在仿真提炼、愉悦宽松的场景中达到教学目标，既锻炼了学生的临场应变、实景操作的能力，又活跃了教学气氛，提高了教学的感染力。这种教学方法在相关课程的教学中经常应用，因现场教学模式要受到客观条件的一些制约，因此，提高学生实践教学能力的最好办法就是采用此种情景教学法。学生们通过亲自参与环境的创设，能开拓视野，自觉增强科学意识，提高动手能力，可以取得很好的教学效果。此外，这种教学方式的运用既满足了学生提高实践能力培养的需求，也体现了其方便、有效、经济的特点，能充分满足教学的需求。

5.体验学习教学法

"体验学习"意味着学生亲自参与知识的建构，亲历过程并在过程中体验知识和体验情感。它的基本思想是：学生对知识的理解过程并不是一个"教师传授—学生聆听"的传递活动，学生获取知识的真实情况是学生在亲自研究、思索、想象中领悟知识，学生在探究知识中形成个人化的理解。

在教学中，不难发现，应用单一的教学方法并不能很好地完成教学任务并达到预期的目标。这就要求教师在讲课时不但要根据教学内容的特点，选择恰当的教学方法，还要在课堂教学中将各种基本教学方法有机综合、融会贯通、优化处理。

（五）激发学生学习旅游专业课的兴趣

"兴趣是最好的老师"，有了兴趣，学生就有了学习和探索的动力，就有了学习的方向，学生的学习兴趣浓厚，学生乐学、善学，学习成绩就会大幅

度提高。兴趣的源泉何在呢？首先教师要课上得有趣，"所谓课上得有趣，这就是说：学生带着一种高涨的、激动的情绪从事学习和思考，对面前展示的真理感到惊奇甚至震惊；学生在学习中意识和感觉到自己的智慧力量，体验到创造的欢乐，为人的智慧和意志的伟大而感到骄傲。"兴趣的源泉还在于把学到的知识加以运用，使学生体验到一种理智高于事实和现象的"权力感"。激发学生学习兴趣的方法有以下几种。

1. 增加相关阅读量，开阔视野

阅读不仅是语文学科的一个组成部分，对提升人的整体素质也起着重要的作用。这个时候我们可以推荐学生读一些有趣的和专业有关的课外读物，如《每天懂一点心理学》系列、《跟着电影去旅行》、《社交礼仪大全》、《中国国家地理》、《服务案例分析》等，通过阅读来初步了解所学专业，增加学习兴趣，且能开阔视野。

2. 扣住好奇心，动之以情境

刚刚进入专业学习的学生对所学专业以及所学习的专业课知识有着强烈的好奇心。作为教师要因势利导，努力创设一定的教学情境，激发学生的积极性，启迪学生思维。比如，"旅游心理学""旅游概论"是知识性专业技术课，学生必须掌握，但往往又十分枯燥。作为教学的主导者，为了避免课堂的沉闷，同时让学生掌握这些重要的知识，对每一节课，教师都必须想方设法，创设出其不意的适当情境，使学生的学习积极性很快被调动起来。例如，一曲优美的音乐，一首著名的诗词，一个有趣的故事，一个美丽的传说，一个真实的案例，一幅生动的画面，等等。再如，"旅游地理"也是一门专业课。它着重介绍我国主要旅游区的旅游资源概况，包括地理要素、主要旅游景点以及文化艺术、风土人情、宗教信仰等。这些学生都很难身临其境，教师可以充分利用学生的好奇心，通过播放一段介绍旅游景点的片子，展示一幅旅游地图，开展一次模拟导游讲解、观看一个景点画面等，创设丰富的情境，引起学生的兴趣，激发学生的求知欲，变被动学习为主动学习，让学生自觉地、积极地参与到课堂学习中来。

3. 运用多媒体技术，优化教学结构

随着网络时代的来临，多媒体技术已成为现代课堂教学的重要辅助工具。

多媒体技术的应用，也为旅游专业各门课程的课堂教学改革提供了方便。教师可以充分运用多媒体技术，提高学生的学习兴趣，增强创新意识，积极制作各种课件，则能很好地将知识要点、景点介绍、操作示范、服务程序等教学内容，生动、具体、形象地展现出来，激发学生的学习兴趣，调动其主动学习的积极性，提高教学效果。同时利用多媒体技术展示教学目标、重点和难点，以及典型例题和课堂练习题，可缩短板书的时间，明显提高教学效率。配合画面的播放，能给学生留下深刻的印象，教师再通过适当的设疑、点拨，促进学生创造性思维的培养。

4.创新教学评价，提高教学质量

要创新和改革旅游专业课堂教学质量的评价方式，应以学生主体发展为价值取向，以评价的目标、每个学科的特点与要求、评价的内容、学生的实际等为根据，注意避免评价方法与方式单一，应采取多元化的评价主体和多样化的评价方法。评价主体多元化，是职业中学学生评价改革的一种必然趋势。在评价过程中，必须重视学生的主体地位，认识自我，发展自我，开展自评、互评、师评有机结合，灵活运用，避免生搬硬套。不但评价旅游专业知识的掌握，而且评价学习的态度、学习的能力等，使学生获得成功的体验，增强自信心。

（六）加强毕业实习的指导

中职学校应深入旅游企业进行调研，结合自身的办学优势并针对各个学生实际学习的情况，派送学生到对应的旅游企业中实习，培养学生将在校学习的理论知识转化为综合能力的应用，重点锻炼学生分析问题、处理问题、解决问题的能力。学生到旅游企业的实习要从基层做起，逐步过渡到中层管理工作。通过具体详细的工作来了解实习所在旅游企业各个部门的运作方式及管理模式，学习企业员工的工作态度、工作理念、行为习惯，学习企业领导的管理方式、领导艺术。

（七）提高教师自身的专业能力

俗话说："打铁还须自身硬。"对于旅游专业课教师来说，不仅要拥有较高的知识水平，更要具备一定的实践操作能力。因而，专业课教师不仅要向学生传授专业理论知识，更要向学生传授实际的工作经验，培养学生解决问题的能力。如果教师自己掌握的理论知识陈旧，实际操作能力薄弱，就难以培养出技能水平较高、工作能力较强的学生。专业课教师必须具有较强的专业能力，这是决定职业学校教学质量的关键。所谓专业能力是指教师运用学科知识发现并解决相应职业领域实际问题的本领，包括理论知识、实际操作技能、技术开发及推广的能力等。加强专业课教师的在职培训，提高其专业能力是职业学校提高教学质量，增强吸引力的当务之急。教师专业实践能力是职业学校专业课教师最重要的核心能力，也是学校可持续发展的核心竞争力。要想提高专业课教师的实践能力就要从以下方面着手。

1. 解放思想，开放办学

加强校际联系，借助各种资源平台，打造教师队伍。校际的联系不仅是中职学校之间，甚至包括与高等院校之间加强联系。中职学校之间相互交流，可以开展教学活动和教研交流。相近的校情、共同的学情有助于教师研讨教学手段和教学方法，从而助力教育教学的改进。高等院校与中职学校虽然培养对象不同，但是对教师的专业能力的要求是相同的。高校的教师因其专业发展和教学的需要，其视野和境界要比中职学校教师宽广、深厚一些，专业理论水平和实践能力相对来说比中职学校的教师要强一些。中职学校应主动与高校对接，加强与其有关院系的结对交流，通过聘请高校教师举办培训讲座和专业研讨，协助辅导学生等多种途径，来提高中职学校教师的专业能力，提高教学科研水平。

2. 在培训模式上打破师资培训桎梏，坚持理实一体化

利用高校优质的教育资源建立培训基地，在培训内容上与中职教学实际和教师的职业需求相贴近，切实提高教师对本专业前沿技术和理论的了解与把握，为教师提供真真切切的动手实践的机会，做到理论与实践相结合，理实一体化。此外，基于高校资源的培训基地不仅要利用高校自身人力资源和设备资源的优势，更要与企业、行业建立实质性的管理关系。利用已经参与教师培训基地建设的企业接纳教师实践，安排教师和学校管理人员到企业挂职一段时间，参与企业的生产和管理，真正深入企业了解其生产工艺和过程及其管理程序。通过企业实践，教师可以熟悉学生就职后的工作环境和劳动内容，有效地提高教师的专业实践能力和水平，完善教师的专业知识和能力结构。教师感到确实学有所用，学有成效，参与培训的积极性自然会大大提高。

3. 加强校企合作，利用企业资源提高教师专业能力

第一，职业学校在日常的教育教学过程中要积极作为，主动与企业加强联系，邀请企业共同制定"冠名班""定向培养班"的教学内容和计划，渗透企业文化和岗位技能于日常教学活动中，组织教师到企业与技术人员、生产管理人员交流研讨，在潜移默化中让师生都得到企业文化和技能的熏陶。

第二，学校在组织学生参加省、市、国家级技能大赛训练辅导的时候，可以带领教师和学生到企业请求技术人员的指导和帮助，或者在企业的帮助下，带到企业现场培训。很多对教师和学生来说是实践中非常困难的问题，在企业技术人员的指导下即可迎刃而解。在一个个问题的解决过程中，教师的实践经验大大丰富，专业能力得到锻炼。

4. 立足校本工作，在实践中锻炼提高教师的专业能力

学校要想打造教师队伍，不仅需要送出去培训进修，更主要的是要在学校工作中立足学校自身实际情况，在日常的工作实践中锻炼和提高教师。通过定期开展一些教育教学活动，提高教师的教学教研能力。比如，说课比赛、多媒体课堂教学比赛、实操课教学比赛、专业教师技能竞赛，等等，在一系列的比赛过程中，丰富教师的教学经验，锻炼教师的教学能力，提高教师的教学水平。成立各个专业的学生兴趣社团，教师可以单独带队辅导，也可以组成教练团队共同辅导。专业社团活动的开展不仅丰富了学生的业余文化生活，更主要的是教师在辅导学生的过程中必然要在专业理论知识和专业的专门化方向上有所钻研、有所发展，以此来达成师生教学相长、共同提高的目的。另外，在"普通教育有高考，职业教育有大赛"的理念指导下，教师和学生参加技能大赛的热情高涨，学校可以此为契机，搭建平台，积极组织教师辅导学生参与市级、省级，乃至国家级的技能大赛，以赛促学，以赛促教，以赛促研，通过技能大赛锻炼教师的实践教学能力。最后，也要意识到积极致力于"双师型"师资队伍建设是旅游专业实践教学取得成功的关键。要培养出时代需要的旅游人才,旅游专业教师必须具有综合能力,既要具有丰富的教学理论,又要具备实际工作的能力。

总之,我国旅游业的飞速发展,离不开旅游教育的发展,旅游中职教学更应该根据整个旅游人才市场的需求状况,进行中职教学改革,使旅游中职教育事业蓬勃生机,培养出高素质的旅游人才,使中职学校培养的学生更适合社会的需要,从而促进我国旅游业的发展。

第二节 学生培养

教育家蔡元培先生有句名言:"欲知明日之社会,先看今日之校园。"面对生活的海洋,正要扬帆起航,中职学生同样是祖国的未来、民族的希望,他们正处在世界观、人生观、价值观形成的关键时期,具有非常强的可塑性。作为中职旅游专业教师要多研究、多了解学生,根据职业教育的特点,实行"素质化管理、技能化教育",探索有中职学校特色的学生培养之路。

一、中职旅游专业学生职业道德的培养

"要成才,先做人。"《中华人民共和国职业教育法》中明确指出:"必须严格贯彻和执行国家教育方针以实施职业教育,对教育对象进行职业道德教育和思想政治教育,全面提高其综合素质。"随着现代化经济的飞速发展和人才市场需求的不断变化,我国中等职业教育的发展状况已经无法满足社会对人才的基本需求,目前职业道德教育存在的问题制约了学生综合素质的提高和全面人才的培养。因此,中等职业学校应进一步增强和企业之间的密切联系,逐步促进职业道德教育和社会生产实践的有机结合。不断完善校企合作,进一步深化对学生的职业道德教育,是切实可行的有效策略。

(一)职业道德培养的重要意义

职业具有行业性和专业性的特点,不同职业对于从业者关于知识、技能和职业道德规范的基本要求不尽相同。所谓职业道德,即是关于道德要求和

行为准则的统称。职业道德从属于社会道德的范畴，主要指从业者对于自己所从事职业的工作态度、精神状态、责任感、人生观和价值观的综合表现。比如，教师的职业道德即是热爱教育事业、善待学生、呕心沥血教书育人，以及严格遵守教师职业道德规范；企业员工的职业道德直接关系到企业的形象和信誉，产品的质量和服务，甚至关系到企业的生死存亡。因此，加强职业道德教育已成为亟待解决的重点课题。职业教育明显区别于普通教育，其具有鲜明的、灵活的职业特征。中等职业学校应以服务当地经济和培养高技能、高素质人才为重点培养目标，突出"技能型"和"高素质"为关键点，加强中等职业学校学生职业道德教育。

（二）中职旅游专业学生职业道德培养的具体措施

1. 职业道德教育和专业课教学的相互糅合

将职业道德教育渗透于专业课教学之中，根据学生的不同专业有针对性地制定匹配的教学规划，通过"模块式"的教学法加强两种教育的有机结合。职业道德教育渗透主要是通过专业课教学促进职业道德教育的加强。例如，旅游专业课可适当融入"宾客至上、质量第一"的宗旨等职业道德教育；这种教学方式对教师自身和教育教学内容提出了更严格的要求，它使广大专业课教师深刻领悟到，职业道德教育是教师们责无旁贷的重大使命。另外，期中、期末考试时应增加关于职业道德的内容，考核方式主要有笔试、日常表现和实践操作等诸多形式。

2. 强化师德师风建设

教师作为实施教育行为的主体，其品德修养、政治立场、严谨的治学态度等对学生具有极为深刻的直接影响。学校必须强化师德师风建设，进一步提升全体教师道德修养、敬业精神等综合素养，使教师认真负责的精神、严谨的治学态度，对学生的职业道德修养和行为发挥由浅入深的引导作用。同时，在实际教学中要不断加强德育渗透教育，将德育教育和专业课教学有机结合，这需要教师不仅完成既定的教学目标和任务，又要结合教材深入进行德育教育，以增强教师强烈的责任感和使命感，达到综合素养的全面提升。

3.不断促进学生在自我修养中进步

不断加强职业道德修养是培养学生职业道德行为的必要途径。提升自我修养主要通过"内省"和"慎独"两种方式。"内省"即是自我剖析和自我检讨，不断规划自己以达到职业道德标准的基本要求。必须根据职业道德规范的要求不断进行自我言行的评价，并找出突破点不断进步，才能使自己的言行在职业活动中达到职业道德规范的标准和要求。慎独主要是指在脱离外界监督的条件下，行为主体自身也能自觉遵守道德规范。慎独是一种长期的、深入的自我锻炼和提高的方式，必须从各方面和各细节充分着手进行加强。比如制定座右铭和名言警句等逐步激励和提升自己。

4.加强教学和实践的有机结合

职业教育表现为职业性和实践性两种鲜明特征，将职业道德教育逐步渗透到学生的各项社会实践活动中，在实践活动中不断加强职业道德教育，逐步提高学生职业道德素养，以及提高遵守职业道德规范的自觉性。教师在进行学生社会实践活动的规划和组织时，必须有计划、有目的地促使学生逐渐掌握相关职业道德规范的要求，以促进相关职业道德水平的提高。例如，在学生进行军训实践时，使学生深刻体验军人的热爱祖国、忠于人民和严守纪律的职业道德精神；进入饭店等旅游企业进行实习时，让学生深入体验旅游从业人员一丝不苟、爱岗敬业和团结协作的职业道德风范。总之，必须确保学生参加各种形式的社会实践活动，在各项实践活动中，引导学生在促进自身专业技术和专业技能水平提高的同时，还要全面强化自身的职业道德修养和行为，这样才能达到增强职业道德素质的根本目的。

总而言之，中职旅游专业担负着向社会输入高素质旅游人才的重大使命，随着旅游业的高速发展，社会对于人才的综合需求也越来越严格，这无疑给中等职业学校的职业道德教育带来了更为严峻的挑战。应依据旅游市场经济发展的基本需求，制定符合旅游行业特点的不同内容的相关职业道德规范。应积极开展各种健康有益的思想道德教育，以提高学生的精神道德素养，形成良好的职业道德习惯，为现代化旅游经济发展培养高素质的人才。

二、中职旅游专业学生学习兴趣的培养

培养学生的学习兴趣，让学生在愉快的氛围中学习，是调动学生学习积极性，提高教学质量至关重要的条件。根据中职学生的特点，通过建立和谐的师生关系，引导积极学习，提高教师素质，加上多样化教学及积极有效的兴趣活动来培养学生的学习兴趣，提高学习效率，就会收到良好的教学效果。

众所周知，大多中职学生的学习成绩较差，怎样提高学习成绩呢？"兴趣是最好的老师。"孔子曾说过："知之者不如好之者，好之者不如乐之者。"美国心理学家布鲁纳说："学习的最好动机，乃是对所学教材本身的兴趣。"浓厚的学习兴趣可激起强大的学习动力，使学生自强不息，奋发向上。在教学活动中，教师应该怎样做才能把平淡无奇、索然无味的课堂变得激情四射、充满吸引力呢？如何激发学生的学习兴趣呢？

（一）建立良好和谐的师生关系，使学生渴望学习，激发学习兴趣

学生学习某一科目的积极性，与这科教师的关系好坏有关：因为喜欢一个老师，进而喜欢其所教的科目；因为讨厌一个老师，进而厌烦其所教科目。因此让学生学好本科目，先建立良好的师生关系。"感人心者莫先乎情"，教师要用赤诚的爱心去开启学生心灵的窗户，尊重学生，理解学生，深入了解学生，以真情、真心、真诚教育和影响学生，努力成为学生的良师益友，成为学生健康成长的指导者和引路人，使学生对老师有强烈的信任感、友好感、亲近感。创设尊重学生的氛围和环境，变"师生关系"为"朋友关系"。学生在宽松、和谐、自主的环境中学习，才能思路开阔，思维敏捷，主动参与学习活动，从而迸发出创新的火花。觉得学不好这科就对不起老师，发自内心地必须学好这科。

（二）善于引导学习的积极性，让学生感受到成功的喜悦

对于学生学习的积极性，既要激发，又要引导。学习的积极性有时是盲目的，想学、爱学和会学、学好之间还有一段距离；只有既想学爱学，又能

把劲儿使在点子上、会学，才能达到学好的目的。有的愿意学习，但掌握不了有效的学习方法；也有的有学习热情，却抓不住学习重点；还有的学习积极性忽高忽低，不够稳定。教师能够因人而异，给予正确的指导，帮助建立合理目标，持之以恒，让学生体验到快乐、成功和尊重，才能使学生的积极性得以保持下来，提高学习效果。

（三）树立崇高的威信，优化知识结构，强化敬业精神，提高教学水平

古人云：亲其师，信其道。作为教师，在学生中应树立崇高的威信。"学正为师，身正为范"身教胜于言教，教师的言谈举止耳濡目染地影响着学生。教师的素质直接决定了教学质量，学生良好素质的获得取决于具有良好素质的教师的引导和示范。教师成为学生心中最有威望、最受尊敬的典范。

给学生一滴水，自己要有一桶水。作为教师，不仅要有渊博的知识，而且要有较高的专业素养、无私的奉献精神和不断实践与学习的热情。教师应该提倡"微笑教学"，要用自己的眼神、语调表达对学生的爱，创设一种轻松愉悦的课堂气氛，挖掘教材中的潜在乐趣，变苦学为乐学。做学生最喜欢的老师，上学生最喜欢的课，才能激发他们渴望上进的斗志，才能使他们不断地进步、不断地收获希望，也才能真正地达到培养学生学习兴趣的目的。

（四）教学方式应多样化，吸引学生注意力，培养学习兴趣

根据中职的学生特点和教材内容，课堂教学不能采取单一形式，否则会使学生感到枯燥无味，出现厌学现象，激发不了学生的学习兴趣。因此，教师应该利用多媒体等教学手段，灵活运用多种教法，使课堂教学多样化。如采用游戏式、直观式、竞赛式等教学方式，调动学生的学习兴趣。

1. 游戏式

根据教学内容适当安排游戏。如：在讲旅游心理学中注意的分配时，让学生通过做游戏来完成分配，将理论知识具体化，如"抢椅子""敲架子鼓""开车"等游戏。通过游戏让学生分组活动，活跃课堂气氛，调动学生情

绪，使学生乐不知倦，在轻轻松松中学到知识。

2. 直观式

教师应精心设计课件，利用多媒体进行教学；还应与学生实际相结合，精心设疑质疑以启发学生动脑思考，如"为什么我们每天做梦？""为什么出现熟视无睹现象？""上街见到许多人，为什么没有记住人的外貌？"从学生身边的事入手，可使学生产生强烈的求知欲，急切想知道答案，立刻全身心地投入到学习中去，诱发学习兴趣，发展思维能力。

3. 竞赛式

用自主合作式教学方法，让学生在竞赛中学习。每组分配不同的任务，展开小组合作学习、交流、讨论，组之间进行比赛，学生在轻松愉快的活动中掌握抽象的概念，学得积极主动，思维随之展开，兴趣随之激起。与此同时，给学生创设动脑、动口、动手的条件和机会，让学生发挥到极致。培养学生的团队合作精神，勇争第一。让学生在竞争中产生兴趣，努力学习。

（五）及时鼓励，让学生随时感受学习的进步和快乐

王金战老师说过"英才是夸出来的"。不论是谁，在努力之后都希望得到肯定与表扬，中职学生自卑心理较重，只要每天进步一点点就要及时鼓励和表扬，让学生获得成功的愉悦，产生成就感，更加努力学习，形成努力、进步、赞扬、再努力、再进步的良性循环。表扬要做到及时、适度，让学生感到表扬就像吃了蜜一样甜。

（六）开展各种兴趣活动，在实践活动中培养学生的兴趣

为了发挥每位学生的特长，可组建兴趣小组，举行校园铺床大赛、斟酒大赛，并把比赛中获得的名次拆分记入文化课成绩，让学生看到自己的特长和价值，使大多数学生有获奖的机会。尊重每位学生的个性发展，使每位学生都把自己最亮丽的地方展现出来，收获成功与快乐，增强学生的自信心、责任心、独立性、坚韧性、合作性，培养学生自信、进取、合作、创新的个性品质。让学生行行出状元，人人都自信，个个能成功，提高学生的学习兴趣，达到完美的教学效果。见图2-1。

图2-1 中式铺床技能大赛

总之，学生对学习产生了兴趣，就会积极主动、如饥似渴、乐此不疲地想尽一切办法把学习搞好，学生的主动性、积极性就能得到充分发挥，真正掌握一技之长，做自己喜欢的事是人一生中最快乐的。

三、中职旅游专业学生能力的培养

（一）质疑能力的培养

"疑是思之始，学之端。"勇于质疑、勤于质疑、善于质疑是一种良好的思维习惯，在教学过程中，对学生进行质疑能力的培养是至关重要的工作。

质疑即提出疑难问题，在教学过程中，注重引导学生主动质疑有利于集中学生的学习注意力，提高学习兴趣，激发学生创造性思维，发展智力，扩大思维广度，提高思维层次。中职旅游教学主要目的在于帮助学生树立强烈的服务意识，培养和提高学生综合运用旅游知识的能力，使学生养成良好的学习习惯，形成有效的学习策略，发展自主学习的能力和合作精神，让学生能灵活地进行有效的社会交际活动，而培养学生的质疑能力和习惯有利于学生自主学习能力的发展，培养学生的学习自信心。

1.中职学生质疑能力欠缺的表现

第一，缺乏质疑的自信心。职业学校学生在学习上缺乏正确的学习方法，参与课堂活动的积极性不高，在学习上习惯于只学不问，对于学习上的问题只求一个标准的答案。学生缺乏质疑的自信心也是造成文化基础知识相对薄弱，成绩参差不齐，个体差异较大的原因之一。

第二，没有形成质疑的习惯。中职学生在学习过程中有很多疑问，但学生都担心自己的疑问表述不清，得不到老师的赞许。因此，他们在学习上处于被动状态，没有强烈的渴求，没有具体的目标，学习上习惯只听不问，导致积累了太多问题，不知从何问起，所以干脆不问，因此质疑的习惯便难以形成。这样学生学习的主动性没有发挥出来，学生主体地位就没法得到正常体现。

第三，没有科学的质疑技巧。在学习上学生提出的问题欠缺重点，有些问题欠缺实效，很多问题当时不提出来，往往过了好长一段时间才提出来。有些学生在学习中感觉到问题的存在，但往往不知道如何提出。

2. 中职学生质疑能力培养的途径

学生的质疑能力必须通过教师长时间的精心培养才能形成。因此在中职旅游教学过程中应该注重为学生创设各种质疑的机会和条件，通过增强学生质疑的信心，激发学生质疑的兴趣，引导学生掌握质疑的技巧，从而养成良好的质疑习惯。

（1）增强学生的学习自信心，使学生敢于质疑问题

第一，在旅游专业的课堂上，着眼于每一位学生的发展，并根据学生的知识水平，分层进行教学，设计各种梯度，多给学生创造机会，让每位学生都有锻炼的机会，让他们获得成功的体验，树立自信心。

第二，营造轻松民主的环境，鼓励学生多思多疑，增强学生质疑问题的勇气。耐心倾听学生提出的问题，对学生提出的问题多些肯定、鼓励和表扬，保护那些不善于提问的学生，促使他们最大限度地发挥积极性和主动性，实现高效率的课堂教学。

（2）创设情境，设法在教学中启发学生发现问题

"学起于思，思源于疑。"学生有了疑问才会进一步思考，才能有所发现，有所创造。因此在课堂上设法造成思维上的悬念，使学生处于暂时的困惑状态，使学生生疑、质疑，给学生以质疑问题的机会。

（3）融入生活，引导学生在课前预习中设疑

课前预习是学生主动获取知识的一种重要途径。预习是学生自己摸索，自己动脑，自己理解的过程，也就是自己学习的过程。预习的目的就是使学生在上课之前明白教学内容的难点、疑点所在，帮助自己发现知识的缺陷，及时查漏补缺，跟上学习进度，为取得学习的成功创造条件，提高听课效率。

（4）通过新旧知识的矛盾，引导学生在复习总结中设疑

"学贵质疑，小疑则小进，大疑则大进。"在中职高考班中，经过第一轮的复习，学生对所掌握的知识已具有一定的认识，但仍缺乏系统的认识，因此在第二轮的复习中，教师以能力专题为载体，对知识进行又一次的重组和整合，通过新旧知识的矛盾，比一比，评一评，了解问题与分析问题，解决问题之间的悬念，引导学生反思、总结，把旅游教学的重点从"教"转移到"学"上，使学生由被动变为主动。

（5）融入课堂，在课堂上进行点拨，帮助学生解释

教学中教师应注重启发学生提问，不过，对于学生提出的问题必须给予适度的点拨。学生有时只局限于其已有的知识，对于一些未知的知识难以理解，如果教师的作用只是一味地鼓励、简单地重复和机械地催问，学生的认知也就完全取决于他们自己的回答，课堂自然显单一。作为教师必须帮助学生加强理解，找出解题关键，机智引导，适时点化，起到画龙点睛的作用。例如，老师在每次新课传授前都要认真研究教学的框架问题，设置好内容问题、单元问题、基本问题，层层深入，逐步解决，让学生在解决问题的过程中学习新的知识，真正体现学生学习的主体地位。

总之，培养质疑能力需要教师的激发引导，培养训练。这是一个长期的过程，从预习一直到学习结束，都少不了学生的质疑问答，并且必须做到每教一课书，每上一堂课都是如此。这样，天长日久学生就会养成质疑的习惯，形成质疑的能力。

（二）操作技能的培养

操作技能，就是教学心理学上所讲的动作技能。在职业教育中，技能训练是一个重要的环节，需要注意以下几个方面的具体问题：①使学生明确训

练的目的和要求及相关的基础知识；②提供正确的训练方法；③健康的身心是技能学习的基础保障。

动作技能是人类在漫长的社会生活和实践活动中积累的经验总结，是社会经验的重要组成部分。在学生的学习中，动作技能的学习往往与认知学习交织在一起。因此，作为中等职业技术教育的教师不仅要知道学习文化知识和智慧技能的获得过程，更要懂得动作技能形成的过程与特点，才能有效地指导学生对动作技能的学习，使学生熟练掌握相应的职业技能。在职业教育中，技能训练是一个重要的环节，不同专业都有相应的技能训练内容。技能训练的内容在整个专业的课程体系中占有日益重要的地位，所以各类职业教育都非常重视技能教学，并努力提高学生的技能操作水平。

技能的训练主要是在专业技能课的教学及实习中进行的。在这个过程中，教师的主导作用非常重要。教师首先要认识到两点：①技能的掌握不是一个孤立的过程；②每一项技能都有其特殊性，其难易程度、学习方法都有所差异。

1.明确训练的目的、要求和相关的基础知识

（1）明确训练的目的和要求

任何训练都有其特殊的目的和要求。训练开始前必须使学生明确训练的目的和要求，明确掌握该项技能的重要作用。这样才能使学生对技能训练产生高度的自觉性和积极性，使训练的过程始终处于意识的控制之下。比如旅游专业的斟酒课，教师必须首先使学生明白斟酒的注意事项及起落托盘的正确姿势，不要盲目地进行操作。在讲每个细节时，对细节也要提出相应的要求以至于每一节课都要有明确的要求及一定的检验方式，及时了解目标的落实情况。这样层层目标控制，学生训练时就会心中有数，有的放矢，有助于训练效果的提高。

（2）提供相关的基础知识

每一项新技能的掌握都是以过去已有的知识和技能为依托，通过反复的训练，所以有关方面的知识积累和正确的训练方法对技能的形成作用重大。教师在对每个课题进行训练之前，必须首先讲解本课题需要的有关知识，学生懂的可以略讲，不懂的就需花时间讲解，直到学生具备本课题的有关知识并了解训练原理，做到心中有数，"知其然而知其所以然"。这样，学生在训练时就有充足的信心，效果自然会好些。相反，只讲操作，不讲原理及有关必备知识，学生在训练时心中没底，训练后也没有多大把握，训练效果一定会受到影响。

2. 提供正确的训练方法

在注意教给学生有关知识的基础上，还要采用多种方式教给学生正确的训练方法。

（1）训练前由老师边做示范边进行语言讲解，使每个学生都获得训练的正确方法和实际动作的清晰印象。因为新的动作技能的学习是通过指导者的言语讲解或观察别人的动作示范，或以标志每一个局部动作的外部线索，试图"理解"任务及其要求。

（2）让学生直接观看技术能手的示范表演，领会动作的奥妙。

（3）利用电教手段，看录像增强印象。电化教学比较直观，不受时空限制且具有可重复性，还可以调节教师示范教学的单一状态，也不失为一种好方法。可以使学生领会技能的基本要求，掌握技能的局部动作。

通过这几种方式，可使学生一开始就能够掌握正确的训练方法，避免尝试性的盲目试探。但是，由于学生在这一阶段的学习中注意范围比较狭窄，精神和全身的肌肉紧张，动作忙乱，呆板而不协调，出现多余的动作，不能察觉自己动作的全部情况，难以发现错误和缺点，因此教师应给予充分的巡回指导、及时的纠正和积极的鼓励。见图2-2。

3. 健康的身心是技能学习的基础保障

学生身心的健康发展，将直接影响学生对知识技能的掌握。职业技术学校的学生正处于积极、热情、生气勃勃、富于幻想、勇于创新的青年时代，但是从整体来看，学生的身心发展还极不平衡。作为教师，尤其是实习指导教师，应该要用心爱护学生，帮助学生健康成长。

（1）要关心学生的身体成长，确保学生的人身安全

职业技术学校培养的是技术型人才的接班人，如果没有强健的体魄、健康的身体，就没有办法保证未来劳动者的基本素质。爱护关心学生的身体，就必须训练学生养成良好的行为规范，必须强化禁止行为，从而杜绝安全隐患，确保学生的人身安全。要实施安全行为训练，着重强调意外事故或事故

图2-2　中餐模拟训练室

信号出现时保证安全的行为训练。训练计划要安排得科学、合理。

（2）要培养学生树立正确的职业观、劳动观

要让学生牢固掌握必要的安全知识。这样既可打消学生不必要的操作恐惧心理，也可避免莽撞行为，操作时才能有良好的心理定式，促进技能的掌握。

（3）要从学生的身心发展特点出发

教师要了解不同年龄段学生的心理发展特征。中等职业技术学校的学生正处于十分好动的年龄，喜欢主动尝试。教师在指导训练时既要积极利用学生的这一年龄特征，但又必须严格把关，使他们建立严密的操作规程程序。

根据马斯洛的"需要层次"理论可知：安全需要是人的第一需要，没有安全保障将无法使人实现更高层次需要的满足。所以，教师在训练技能质量的同时，必须将安全作为首要任务，贯穿于教育教学的始终。

总之，动作技能的学习，需要从领会动作要点和掌握局部动作开始，到建立动作连锁，最后达到自动化的复杂过程。因此，为了提高训练的效果，教师还要不断地在教学中扩展学生的知识面，发展其智力水平，培养其热爱职业的情感、战胜困难的意志以及良好的个性心理素质。只有这些方面都得到优化，共同发挥作用，技能训练才能取得良好的效果。

（三）创新能力的培养

中职学校要生存和发展，必须培养出具有创新能力的学生。这个重任自然就落在每一位职校教师身上。所以，教师要紧跟市场的脉搏，转变教学观念，着力培养学生的创新能力。

1.创新意识的培养

创新能力人人都有，只是开发培养与否。心理学家曾做过这样一个试验：把一只跳蚤放在一个瓶子里，在瓶口罩上一个透明的玻璃板，跳蚤一跳就会被玻璃板撞回来，跳来跳去形成了条件反射。当把玻璃板拿开后，人们发现了一个奇怪的现象：这只跳蚤再也跳不出这个瓶子了。试验告诉我们一个道理：无论是家长还是教师，在培养孩子的时候，千万不要限制孩子的能力，要注意保护孩子的独特个性，并给予孩子充分发挥个性的自由。这个独特的个性可以说就是孩子的创新意识。

创新意识的培养就是培养学生的独立性和自主性，培养他们敢于质疑、探究、勤于实践、积极主动参与学习的能力。作为教师更要有创新的理念，树立正确的教学观，充分发挥教学的民主性，把主动权交给学生，让学生成为课堂教学的主人，教师在课堂上要注意知行结合，用问题引路，把课堂大部分时间让给学生参与活动。教师可以帮助、鼓励学生回答，学生之间也可互问互答，营造兴趣氛围，令课堂教学充满活力，让学生以一种愉悦的心情进入课堂学习。如果学生在课堂上得到正面评价，得到了老师的承认，自尊心和自信心大大增强，学生的个性得到自由发展，求知的欲望强烈，就会极大地发挥其创造性和想象力。

2.创新思维的培养

思维是创造成功的推进器，是游渡理想彼岸的船桨和希望的风帆。在创新思维的导向下，学生能不断地发挥主观能动性，在困难面前重新整合优势，优化组合，在"围墙"中有新的发现和突破，不断找到新的切口，让希望在潜能中定格。

人们常说："师者，所以传道、授业、解惑也。"教学中，教师要根据不同专业的教材内容，采取不同的教学方法和手段，尤其是要大胆创新而不是墨守成规，要锐意进取而不是故步自封，寻求达到某一教学目标的最佳途径：它可以是一种全新的充满悬念的新课导入；一个巧妙而意蕴丰富的提问；一个有代表性的练习的安排；一场唇枪舌剑的辩论……特别是一些远非一种理解的问题，教师不能越俎代庖，要放手让学生思考，回答时言之成理即可。教师只能点拨、引导，而不能指责或代替。只有这样，才能培养出学生的发散性思维能力，使他们创造出"横看成岭侧成峰"的佳境，真正感受到创新的乐趣。

3. 创新技能的培养

创新技能是实践能力的体现，是在创新智能的控制和约束下形成的，属于创新性活动的工作机制。对职业学校的学生而言，就是要培养学生通过专业技能课的参与学习，获得亲身体验，逐步形成一种日常生活与学习中喜爱质疑、乐于探究、努力求知的心理倾向，培养其发现问题、提出问题和解决问题的设想能力，收集资料的能力，分析资料和得出结论的能力，以及表述思想和交流成果的能力。比如在中职的各项技能大赛中，提倡学生既能做到按比赛的要求进行又能加入学生的个人创意，这样取胜的机会就更大些。如某校在参加茶艺表演比赛中插入了一段水墨吹画表演，令整个比赛中茶艺表演与吹出的水墨梅花图相映成趣，意境天成。正是有了这一锦上添花的创意，在场的评委们一致给出了满分10分的好成绩。因此，知识的渗透与专业技能上的创新，会使中职教师在成功的道路上播撒一路的芳香。

4. 创新情感和创新人格的培养

创新过程并不仅仅是纯粹的智力活动过程，它还需要以创新情感为动力，比如远大的理想、坚定的信念、强烈的创新激情等个性因素。个性的核心是什么？就是创造力。作为教师应善于发现、了解学生的个性，重视学生个性发展。通过采用多种教学方法和开展丰富的课外活动等，有针对性地对学生进行教育、培养，充分展示学生的个性和创造才能。

第一，合理运用多种教学方法，因"材"施教，适应学生个性发展。这里的"材"既包括理论课教材又指专业实训器材。传统的教学往往是教师向学生"硬灌"知识，注重整堂课一讲到底，学生被动地接受。结果学生个性受到压抑，不少学生抱着挫败的心态去接受一堂又一堂的课堂教学，不自觉地养成思维的惰性，沦为"陪读生""老听众"。有限的实训器材，枯燥无味的操作讲解是难以让每个学生都动起来的。创造性教学的核心，在于对学生创造力的培养，要求学生的个性从压抑中解放出来，还给其一个自由天地。

第二，开展课外活动，如趣味竞技、知识抢答、技能比赛等，充分展现学生个性。课外活动应该是在传统的课堂教学之外，以学生自己的学习活动为主，以发展学生的个性特长、智力，培养学生探索、创造和应变能力为中心。因此，开展课外实践活动，为学生自主参与学习，充分发挥他们的创造性提供了广阔天地。教师可从学生的个人爱好、兴趣出发，同时兼顾学生差异帮助学生制订课外活动计划，并对活动进行指导，开展适合其个性发展的活动。通过这些形式多样、丰富多彩的课外活动的开展，增长学生的才干，培养学生的能力，开拓学生的视野，既能陶冶情操，也可以充分展现学生的个性，使学生的创新能力在自由空间得到良好发展。

第三，适当地引导学生走出校门认识社会。例如，旅游专业课教师在讲授《导游业务》课时，有针对性地带领学生到中职学校所在市或县的各个旅游景点进行实地导游讲解，将课堂设在景点处，让学生尽情发挥，练口才、练胆量、练就一口标准的普通话，理论与实际相结合收获知识，锻炼能力。

马约尔（联合国教科文组织前总干事）曾说过：我们留下一个什么样的世界给子孙后代，在很大程度上取决于我们给世界留下什么样的子孙后代。现在的学生正是未来的创造者，他们的创新能力将影响着一个民族能否自立于世界之林，能否位于科学技术的制高点。这不仅是时代的需要，更是对职业教育的迫切要求。作为职业学校的教师，倘若没有良好的专业知识结构、创造性的思维方式、敢于突破常规的活动能力和心理品质，要想创新知识和技能那简直就是缘木求鱼。因此，中职教师必须重视学生创新能力的培养。

四、中职旅游专业学生工匠精神的培养

工匠精神既是一种技能，也是一种精神品质，是从业人员的职业价值取

向和行为表现，与其价值观和人生观紧密相连。在中职学校培育学生的工匠精神，是社会转型的需要，是学生适应社会、企业发展的需要，也是学生个人发展的需要。培养符合现代工业需要的"匠人"，对实现中职学生的人生梦，具有十分重要的积极意义。

中职学校的学生来源于没考上普高的学生，一方面这些学生被贴上了"失败者"的标签，他们被迫来到中职学校，抱着"混日子"的态度浑浑噩噩度日。另一方面，中职学校形成了优先保证升学率和就业的办学理念，重视传授知识、技能，却轻视"育人"工作；片面追求高考上线率和技能大赛的成绩，忽视了对学生工匠精神的培养。因此，学校应该树立正确的办学理念，深化课改，将职业素养纳入课堂教学中，让工匠精神在中职学校扎根、开花、结果，实现中职学生人生的华丽转变，实现中职学生自身的"中国梦"。

（一）工匠精神的内涵

1.工匠精神的含义

工匠精神是指工匠对自己产品的精雕细琢与精益求精。它既是一种职业态度，也是一种精神理念。优秀的工匠都专注于不断雕琢和改善自己的产品及工艺，他们对细节有非常苛刻的要求，对精品有着执着的坚持，将工作做到极致。很多人认为，工匠也就是一种机械重复的劳动者，把这些工作做好、做细、做精。其实，工匠有更深远的意思。它代表着一个时代的气质，坚定、踏实、精益求精。工匠不一定都能成为企业家，但大多数成功企业家身上都体现了工匠精神。

2.工匠精神的意义

当今时代，随着社会的发展、生活水平的提高，整个社会出现一种不良风气：很多制造企业为了追求眼前利益而忽视了产品的质量提升。长此以往，产品失去了品质灵魂，必定使企业的名声和产品的口碑大打折扣，最终被市场所淘汰，难以长远发展。将工匠精神一并引入职业教育中，中职学校必须从入学开始就注重对学生工匠精神观念的注入，培养符合现代工业需要的"匠人"，使学生树立对于学习的高标准、严要求，让每一个人能够以敬畏的心态对待自己的职业，从而实现中职学生"人生梦"。这对于改变职业教育的形象，对于调整职业教育的社会评价，都有十分重要的积极意义。

（二）培养学生工匠精神的必要性

1. 工匠精神是经济社会进步的需要

改革开放40多年来，我国已成为世界第一制造业大国，但实现由制造业大国向制造业强国的跃升，离不开大国工匠精神的坚实支撑。价格已不再是人们考虑的首要因素，而在乎的是产品的附加值：品质、创意、人文关怀、参与感。我国提出的"中国制造2025"，最关键的是重塑工匠精神，脚踏实地，提高产品的品质，更加注重细节，创造出具有世界影响力的中国民族品牌。

2. 工匠精神是中职学校可持续发展的需要

工匠精神是职业教育的灵魂，是学生应该树立的信念，却也是中职教育容易忽视的一个盲区。职业教育与普高教育不同，其目标是培养企业所需的技能型人才。根据调查得知，部分企业对就业者的要求是：掌握一定的职业技能，还需要懂得做人的道理，吃苦耐劳，具有责任心。因此，中职学校在加强学生专业技能训练的同时，更加注重对学生工匠精神的培养。

3. 工匠精神是学生立足社会的重要保障

中职学校的培养目标是：培养具有一定的专业知识和专业技术，具有良好的职业素养，能面对不同的职业岗位，适应生产、管理和服务的应用型、技能型人才。企业在招聘新员工时往往强调工作作风严谨，吃苦耐劳，有责任心，掌握一种或多种技能。中职学校在塑造学生素养时，若能强化其工匠精神的培养，将极大地提高学生的竞争力，促进学生的就业和个人职业的发展。

（三）培养中职学校工匠精神的措施

1. 树立正确的价值取向

长期以来，中职学校的培养模式就是与高考接轨，只传授专业知识与技能，而对学生素养的培养未引起足够的重视，存在职业素养的缺失。因此，中职学校首先要转变传统的教育观念，注重工匠精神的培育，将工匠精神培养融入日常教学中。其次，社会和家庭转变"重学历、轻能力"的教育观念，肯定技能人才对社会发展的巨大贡献，摆脱职业教育低人一等的偏见。只有将知识的传授、技能培养与工匠精神培养融为一体，才能使学生不仅有一技之长，还具有崇高的职业精神和坚定的职业信念。

2.弘扬工匠精神的校园文化

教育具有良好的环境，才能够使中职教育收到预期的效果。要将工匠精神培育成职业教育文化，全面提升学生职业素养，创新职业教育的发展模式。因此，中职学校应积极开展以"工匠精神"为主题的校园文化，以校园文化为引领，充分利用各种隐性教育资源来培育学生的工匠精神，不断地使工匠精神渗透到学生的内心和行动中。

3.把工匠精神渗透到专业课程教学中

在专业课程的学习中，学生学习了专业知识、专业技能，但不可能成为一位大国工匠。平时授课注重对学生工匠精神观念的注入，使学生以高标准、严要求对待学习、工作，以一种一丝不苟、精益求精的态度对待自己、对待职业。

4.提高教师的职业素养

教师问题是职业教育较突出的问题，一方面，双师型的教师匮乏；另一方面，教师大部分来源于刚毕业的大学生，缺少企业的实战经验，因此，不能与职业学校的教学要求完全衔接。在这种情况下，很难谈及工匠精神。解决师资问题，应从两方面入手：一是拓宽人才来源渠道，从企业聘请优秀的员工来中职任教；二是加强对专任教师的在职培训，特别是对教师职业素养的培养。加强对教师职业素养的培养，应建立教师职业素养标准和评价体系，规范和提高教师素质，更好地指导和培育学生具备工匠精神。

工匠精神不是口号，它存在于每一个人心中。长期以来，缺乏对精品的坚持、追求和积累，是我国的职业教育的问题所在。愿所有中职旅游专业教师都能带着一颗工匠之心，以培养工匠为目标，培养优质毕业生，让职业教育成为社会平衡发展的新引擎。

五、中职学校班主任对学生的培养

在全面推行素质教育的今天，职业教育作为素质教育的一种重要形式，客观上要求理论联系实际，务实高效地开展班主任工作，结合职业学校学生的特点，努力创造良好的班级氛围，以造就大批技术过硬、品德优秀的中等专业技术人员，同时亦可为更高一级学校输送人才。班主任是班级的领导者和组织者，也是学生素质教育的实施者，既是联络各学科教师及学生之间的纽带，也是沟通学校、家庭和社会教育的桥梁。

（一）中职班主任要以学生为主体，关心爱护每一位学生

热爱学生是班主任热爱教育事业的具体表现。没有爱就没有真正的教育，就不能收到良好的教育效果，甚至会对学生产生不好的影响。可以说热爱学生是班主任工作的核心。

1. 根据学生年龄特点，帮助他们形成健康的人生观

中职生一般都是初中毕业，入学年龄较小，大多在十五六岁。这个年龄段正是学生的世界观、人生观和价值观逐步形成的时期，还具有较大的可塑性，有利于接受正确的教育管理，有利于职业能力、职业意识和职业道德的养成。

从学生报到入学到毕业送行，在校期间班主任一直与学生朝夕相处，班主任的工作作风、工作态度、工作方法乃至一言一行都会给所带的学生造成深刻的影响，所以也才有"名师出高徒""有什么样的班主任，就有什么样的学生"的说法。

2. 给学生信心和奋发向上的动力

中职生大多在初中时由于学习成绩不好而不被教师关注，失去自信，破罐子破摔。要帮助他们找回自信，首先班主任一定要自信，要坚信好的班主任能激活一个班，正如"火车跑得快，全靠车头带"。无论是班上学生成绩退步，还是某学生不服自己的教育，都要相信自己有能力把学生引导好、教育好。只有班主任树立了自信，才能帮助学生找回自信。

3.公平公正,不偏袒任何一位学生

一个班级里学生素质是参差不齐的,有优等生、中等生和后进生,班主任绝不能凭学习成绩的高低或其他外在条件将学生分为三六九等,而应该热爱每一位学生,因为"没有不行的孩子,只有不幸的孩子"。不管学生过去表现怎样,对于现阶段做得好的与做得不好的情况,都要及时公平地给予表扬或批评。只有这样,才能赢得全体学生的尊重。

(二)中职班主任要以身作则,正确引导学生健康成长

责任心是事情获得成功的一个重要前提。中职班主任一般要与学生相处两年时间,在这期间要考虑很多问题,包括学生思想方面、学习方面、工作方面和生活方面等。在工作过程中,班主任自身的素质以及行为起到非常重要的作用。这就要求班主任不仅自己要具有较高的素质,还要具有对工作、对学校、对学生的高度负责的态度和一丝不苟的精神。

1.要有奉献精神,做到"三不"原则

"班主任就是父母加保姆。"经常听到有人这样评价班主任。事实也确实如此。在市场经济大潮中,学生思想非常活跃,难免出现一些认识上的偏差,所以做青年学生的思想工作,是项艰苦细致的工作。而作为班主任,这些思想工作大多在课余时间进行,有的在星期天、节假日。这就需要班主任有乐于牺牲、乐于奉献的精神,能正确处理工作利益和家庭利益的关系,要有吃苦在前、严格要求、甘为人梯的老黄牛精神,做到不计较个人得失、不追求名利地位、不怕麻烦。这样才能做好本职工作,完成学校交给的任务,培养高质量人才。

2.做好每一件工作,用言传身教感召学生

中职学生年龄较小,他们有很强的模仿性和可塑性。作为班主任,其思想品德、作风习惯、处世方式以及言行举止都会受到学生的关注,可能是学生最好的学习榜样,也可能是学生的反面教材。因此,班主任对学生的教育不能只停留在口头的言传,而更应以身作则,发挥身教的作用,用自己的行动来引导学生。

（三）中职班主任要理论联系实际，树立正确的专业思想

目前，虽然政府一再强调职业教育发展的重要性，要扩大职业教育的规模，但是传统思想还是认为职业教育是针对那些后进生的，所以导致学生进校后情绪波动大，思想不稳定，容易形成自卑的心理。针对这种错误的思想，班主任应该进行正确疏导，给学生树立正确的专业思想。

1. 引导学生正确认识本专业概况，培养学生良好的学习习惯

对刚进入职校的新生，教师应当让学生了解职业教育的发展现状及趋势，结合市场人才需求情况使学生了解并熟悉本专业的特点，或者请高年级或已经就业的优秀学生做专题报告，激发学生的专业兴趣，让学生懂得读职业学校一样有前途。在学习过程中，要积极培养学生的学习兴趣，丰富学生的学习情感，引导学生把精力投入到学习、观察、思考与实践中。

2. 尊重学生，有针对性地进行教育

职业教育的班主任更加要懂得尊重学生人格，应透析学生的心理状态，使学生感受到充分的尊重和理解。在职业学校学生中，谈恋爱、吸烟、化妆等是潮流、时尚。对于这种现象，直接禁止很可能激起青春期学生的叛逆情绪，造成不良后果。这就要求班主任处理问题时要有技巧性，针对不同性格的学生要施以不同的方法。外向的学生可以在激励的原则下多批评，而内向的学生就应该在鼓励的原则下多谈心，增进了解，增加信任度。如果班级中出现早恋、吸烟的现象后，最好不要直接禁止，而是利用班会时间给学生看一些校园剧，然后组织学生对影片中的早恋、吸烟、打架等不良行为进行讨论、分析，使每位学生对此类问题都有一个正确的态度。

3. 严格管理，以情引导

职业教育中班主任所从事的是把学生培养成为能适应社会主义市场经济需要的新型劳动者的职业。因此，班主任应加强常规管理工作，严格管理，严格要求，正确引导学生，使之养成良好的学习习惯，拥有高尚的道德情操、文明的行为和丰富的知识，将行业规范融入学生的日常学习和生活当中，为今后走入社会奠定基础。"严是爱，宠是害"，只要严得合理，严得适度，学生的心灵就能受到震动。严是爱的延伸，是教师对学生特殊的爱。

4.培养学生的团队协作精神

现在大多学生在家都是独生子女,所以他们习惯以自我为中心,个人主义较强。班主任作为班级的领导者,要善于抓住时机,对学生进行教育,增强他们对集体的凝聚力和集体荣誉感,让学生意识到集体荣誉的取得不是靠哪一个人得来的,要相信"团结就是力量""众人拾柴火焰高"。为了培养学生的团队精神,可以开展以团队参加的有意义的竞赛,比如接力赛、辩论赛等。

5.提高学生的专业素质,迎接就业挑战

职业院校学生面对的不是升学,而是踏入社会,走上工作岗位,所以在校期间必须具备扎实的、全面的专业基础。班主任要针对这一实际情况,采取正确的措施提高学生的专业素质。当然开展工作时也离不开专业教师的协助,课后要与专业教师保持沟通,一起探究能够提高学生专业技能的教学方法,以及共同开展专业技能比赛等。

总之,中职班主任虽然职务不高,但关系到学生的成长和未来,关系到中职学校的发展与兴旺。中职教师要用十分的精力去干好神圣的班主任工作,为培养合格的中职生而努力,为中职学校的发展添砖加瓦。

第三节　学校民主管理

民主管理是中职学校管理工作全面开展并不断获得生机的重要保障,是学校工作的生命线。随着教育改革的不断深入,民主管理在学校管理工作中显得尤为重要。学校管理的最高境界是"让每位教职员工都感到自己重要",从而使每个人的积极性最大限度地迸发出来。而达到这种管理境界,离不开学校的民主管理。

一、学校民主管理概述

1.学校民主管理的含义

学校的民主管理,就是集中群众智慧来管理学校;就是在学校内部坚持

民主，保障教职员工有参与管理学校的权利，有监督学校各级管理人员的权利；就是充分发挥全体教职工的工作积极性，使教职工真正成为学校的主人。所谓学校民主管理，是教职工群众参加的采取民主方式进行的行使主人翁权利的一系列管理行为。

2. 学校民主管理的本质

就教师方面而言，学校民主管理的本质就是教师民主参与管理，教师民主参与决策，这种管理以发挥教师主人翁地位为基础，以权责利统一为前提，与校长负责、党组织监督保证相联系，由教师参加并以自己的主体意识影响学校的目标和决策的制定、执行与监督。它本质上是广大的教师与学校党政领导真诚沟通、相互合作和分权的过程。因此，教师民主参与管理所隐含的基本逻辑是：教师主体地位的确立，主体意识的凸显，教师是学校管理的主人翁。即在政治上体现广大教师当家作主的地位；在职能上发挥教师参政议政，对学校工作实现民主监督与民主决策的作用。

3. 学校民主管理的意义

（1）学校实现民主管理是建设高度的社会主义民主的重要组成部分。

（2）民主管理是学校管理制度创新的一个方面，是校长进行科学管理的重要保证，也是对校长负责制的丰富和补充。

（3）教师参与是教育管理现代化的需要。

（4）实现民主管理是调动广大教职工的积极性和创造性的根本途径。

二、学校民主管理的措施

加强学校民主管理，就是要真心实意地把教师当成学校的主人，要理解和尊重教师，要让他们参与管理、评议，开诚布公，形成正确的舆论导向；加强学校民主管理，就是要创造条件，让每一个有特长的人都有发挥的机会，创造民主、平等、和谐的工作心理环境，让每一个人都能够认同集体，关键时刻能够理解并合力克服学校遇到的各种困难，把自己的命运和荣誉与学校的命运和荣誉联系在一起，共同推进学校的发展。

（一）实行民主管理是学校切实维护教职工权益的基础

1.加强学校民主管理，是强化学校自身建设的迫切需要

教育在国民经济发展中具有基础性、先导性和全局性的战略作用。学校是培养和造就高素质创造性人才的摇篮和知识创新的策源地。知识经济和经济全球化对学校提出了更高的要求，要不断认识未知世界、探求客观真理；要提高原始创新能力，更好地为经济建设和社会发展服务。为达到通过科学发现、知识创新、技术创新和知识传播服务于社会的目的，就必须主动进行自身的变革，特别是自身管理方式的变革。随着改革的不断深化，教职工与学校的劳动关系、各种利益关系也在发生深刻的变革，既为学校实现民主管理和教职工拥有更多的民主权利创造了必要条件，同时也增加了教职工民主权利可能被削弱和侵害的可能性。这些都要求学校提高自主决策能力，实现决策方式从传统经验决策型向现代民主科学决策型转变，要不断健全和完善学校的民主管理制度，切实保障教职工的合法权益。

2.加强学校民主管理，是构建社会主义和谐社会的必然要求

发扬社会主义民主，尤其是基层单位实行民主管理，是调动广大人民群众积极性的关键因素。学校的教职工队伍中，高知识、高层次人才聚集，他们既有较强的参与学校民主管理的意识，又具备参与学校民主管理的能力，提出的建议和意见很有价值。学校的决策只有得到广大教职工的认可和支持才能富有成效地实施。因此，实行民主管理，让广大教职工拥有知情权、建议权、决策权、监督权，调动他们的积极性，把他们的智慧和才能都充分发挥出来，是办好一所学校的关键所在。在我国，学校普遍实行党委领导下的校长负责制，所以在学校实行民主管理，既可以防止独断专行、决策失误、班子不团结、上下不沟通、人际关系紧张等现象，又可以避免形成吵吵闹闹、意见难以统一、学校决策朝令夕改、教学秩序混乱的局面。

3.加强民主管理，是开好教代会议，依法行使教师权利的有力保障

教代会是学校民主管理与民主监督的基本组织形式，它是教职工参与学校民主管理和民主监督的合法组织，因而具有民主性、代表性和权威性。要搞好学校民主管理，就必须充分发挥教代会的作用，每年定期组织召开教代会，让教师参与到学校的管理当中。这样做的优势是显而易见的：一是教师参与能够使学校产生更好的决策；二是教师参与能够提升教师的创造性；三是教师参与能够促进教师自身专业发展；四是能够使他们的主人翁意识和责任感得以增强。这样才能使教师真实地感受到自己是以主人翁的地位参与到学校的管理之中，自己的权利得到了充分的体现。

（二）学校应当在构建和谐社会，推动民主管理中发挥更大作用

构建社会主义和谐社会是一项系统工程，关系到方方面面，构建和谐校园是其重要组成部分。学校工会应当为和谐校园的建设发挥更大的作用。近年来，随着我国社会主义民主建设进程的加快，工会在学校民主管理中的作用也日益突出，工会在学校民主管理中发挥了更大的作用。

1. 要狠抓制度建设

民主管理工作开展的关键和前提是制度建设。民主管理的实质说到底是对权力的约束，它的实现不能光靠单位领导的民主意识，更要靠法律约束、靠制度规范的方式来实现。在学校中要依法建立教代会，组建健全得力的工作机构，按照规定程序定期召开教代会，完善教代会的民主选举、民主决策、民主管理和民主监督的内容、程序、方法等制度，实行民主管理委员会制度。民管会是民主管理的基本形式，是职工行使民主管理权利的机构。民管会实行民主集中制的组织原则。民管会接受所在单位党支部的思想政治领导，接受上级工会的工作指导，贯彻执行党和国家的方针政策，在学校有关制度规定的范围内行使职权。民管会做出的决议、决定必须符合学校教代会的精神，必须支持和尊重教职工当家作主的民主权利，积极支持民管会的工作，保证民管会职权的行使，执行民管会在其职权范围内做出的决定和通过的事项。民管会应正确行使民主管理权利，积极支持单位行政领导按规定行使职权，维护行政管理的权威。要建立健全党委统一领导，行政主体到位，纪委、工会监督，教职工积极参与的校务公开工作机制；同时还要积极发展和巩固诸如信息发布会、党政工联席会、恳谈会等其他民主管理制度。制度的建设既要抓紧时间，又要遵循规律，更要注重可行性和实施效果。所建立的民主管理制度应该是符合单位实情的；应该是贴近群众，充分反映民意的；应该有

利于激发群众参与民主管理的热情,帮助他们不断提高参与民主管理的水平;应该能够确保民主渠道畅通,使民主管理做出实效,确保民主管理工作永远生机勃勃。

2. 实行民主管理,吸收教师参与决策

领导对学校工作决策正确与否,直接关系到教育方针的贯彻执行和学校工作的顺利开展。而学校教育决策正确与否的关键又在于决策者。因此,只有发扬民主,充分听取教师的意见,集思广益,才可以减少决策中的错误,纠正偏差,才能使决策既体现学校大多数员工的意愿,又反映出学校领导者的要求和期望,进而充分调动教师工作的积极性,将决策顺利贯彻执行,提高工作效率。只有这样,才有管理的基础,这也是尊重知识、尊重人才、尊重教师的明义之举。具体工作中可采用:①鼓励教师在学校重大问题上发表自己的意见,让教师也介入学校管理,知道学校面临的是什么问题,该怎么办,使他们意识到个人在集体中的重要性,产生心理上的满足。这样更能达到学校中人与人关系和谐,产生向心力和责任感。②领导者和教师一起制定措施、方案。③建立教师参加评估学校的制度,并加以实行。④坚持开好教代会议,依法行使教师的权利,就能树立正气,排除阻力谋事业。

3. 从具体的教学工作中,正确评价教师

学校领导应介入具体的教学工作中,密切地与教师建立关系,了解教师在工作中的甘苦,并在工作上和生活上为教师创造更多的方便。这样,有利于及时得到教师信息的反馈,有利于对教师做出具体、深入、正确的评价,并进行有针对性的指导,帮助使其获得心理上的满足和荣誉感等积极的情绪体验,提高工作热情,使得教学技能日臻完善。可采用的方法有:①对新教师分别进行有计划的课堂评价;②运用绩效强化对教师的成绩和效果公正评价;③组织教师听优质课、标准课、教学改革课,广泛宣传先进教师的教学经验等。帮助受挫折的教师消除在工作中受到失败时产生的心理挫折是学校管理中不可忽视的问题。问题处理得好,不仅能调动教师工作的积极性,同时也能提高其心理健康水平。对于教师在受挫折后产生出的破坏性消极反应,学校应给予同情心、忍耐心,善于帮助,创造解决问题的气氛,达到解决问题的目的。在解决问题时,要注意其心理治疗,可以根据情况采用个别谈话、生活会、意见征求会等方式，让受挫折的教师有抒发怨气和不满的机会，达到心理平衡，从痛苦中解脱出来，使之放下包袱，轻松愉快地把本职工作做好。

4. 为教师创造良好的工作、生活环境

积极性的心理源泉，来自人的需要。教师除了具有一般人的需求，还有其自身需求的特点，即工作的需求，希望有较好的工作条件和生活环境。在现有的条件下可采用的方法有：

（1）为刚到学校的教师编制一个有节制的课程表，安排好工作地点、教学工具和生活住处，使他们对学校有一个良好、舒服的感觉。

（2）把学校各项活动综合起来进行，避免教师过度疲劳。

（3）为退休、离校的教师举行欢送会，使在学校的教师也受到教育，产生一种荣誉感。

（4）办好食堂，尽量满足教师的饮食要求。

（5）关心年轻教师的婚姻大事，并努力创造条件。

（6）针对教师工作压力大、职业病多的现实情况，学校应每周定期组织教师参加体育锻炼和娱乐活动，减轻教师的压力，增强体质，增加教师队伍的凝聚力。

（7）进行校园环境的美化建设，创造舒适的工作环境。

（8）同上级、社会团体、企事业单位联系，筹措资金，改善教师的生活，等等。

总之，学校可根据教师的需要特点，正确引导，尽力满足他们的正当需求，以解除其后顾之忧，提供良好的工作条件，使教师在工作中不受干扰。

（三）"校务公开"是学校民主管理的重要形式

认真贯彻落实中纪委、教育部、全国总工会关于实行校务公开制度的有关文件精神，建立健全学校内部监督约束机制，加强党风廉政建设，让学校工作逐步走向公开、民主、透明，让教职工有更多的知情权、参与权、选择权和监督权，是确保学校发展的重要基础。校务公开，是指涉及学校、职工切身利益、干部廉洁自律等重大问题，通过职代会等形式，及时而真实地向全体职工公布。实行校务公开，加强基层民主政治建设，坚持和完善教职工代表大会制度的重要举措；是一个发动和依靠广大教职工知校情、参校政、监校事、分校忧、担校难、促校兴的过程；是管理者和劳动者相互沟通、相互信任、相互理解、相互支持、相互监督、相互制约、相互依靠、相互合作的过程。

1. 公示热点问题

（1）学校重大决策及执行情况公开

干部选拔、骨干教师评选、领导政绩、基建维修资金、食堂账目以及人事调配、职称评定等行政、党务、后勤等方方面面，中职学校都可以进行公示。公示是一种态度、一种诚意。而公示后暴露和反映出来的问题，究竟如何处理，也是教职工盼望了解的内容。如果只是把公示作为告示，对教职工反映的意见，以大事化小、小事化了的态度处之，就会大大降低教职工对公示制度的信任度，甚至产生抵触情绪。

（2）学校管理中的重要情况公开

主要包括：大宗器材设备及办公、生活福利用品采购情况；教学质量工作中的重要情况；各项管理费用的控制标准及执行情况；基建工程项目决策；招投标和竣工验收情况等。

（3）职工切身利益有关事项公开

主要包括：招工录用、人事任免的情况；职工工资和奖金分配方案；职工培训、职称评聘、评先树优方案；住房分配及住房公积金、养老保险金等收缴、管理、使用情况等。

（4）党风廉政建设主要事项公开

主要包括：重大事项报告、礼品登记制度的情况；使用公车、通信工具及费用开支情况；领导干部任期经济审计情况；职工代表评议干部结果等。让校务"晒太阳"，不仅可以"晒"掉"水分"，体现真实，也可以纠正少数人弄虚作假的歪风。教职工对这项工作了解越深越多，越容易与组织者产生共鸣，达到社会的普遍支持。教职工在思想上和行动上的参与范围越广，越容易实现好中选优。

2. 公选人才

竞争上岗和公开选拔冲破了"由少数人在少数人中选"的局限，凡是符合报名条件的都可以平等参与竞争上岗和公开选拔，大家都在同一起跑线上起跑。在学校公选工作中，中层干部、骨干教师甚至校长等可以竞争的岗位，都可以进行公选。公选制杜绝了论资排辈、靠关系等不良现象，也避免"近亲繁殖"，使具备真才实学的人有了展示才华的舞台。

中职学校的公务必须如实、及时、恰当地公开。否则就容易引起猜疑误会，引发错误舆论，甚至产生不良后果。"教师利益无小事"，中职学校定期把应当公开的校务在校公开栏公示，让师生能看到真实的版本，以杜绝以讹传讹，给领导以清白，给同志以明白；在每周的教师例会上，把应当公开的校务在会议上再公布，并对有关情况做出解答，以增进理解，加强宣传。使教师对学校校务能够及时知晓，消除了怀疑和误会，排除了干扰和谣言。

三、班级民主管理

班级是学校管理的重要组成部分，班级管理水平和质量直接影响学校教育目标的实现。班级民主管理不仅能极大调动学生的主体意识和主动精神，搞好班级建设，而且有利于学生综合素质的提高，培养出全面发展的现代社会所需要的人才。在国家大力发展职业教育的政策下，中等职业学校学生人数增加，来源多样化，在管理过程中会出现班级人数多、思想认识差距较大等问题，因而需要采用科学的管理方式提高班级管理的质量和水平，达到事半功倍的效果。民主管理是一种科学的管理方法，班级民主管理在中等职业学校具有必要性和可行性。

1.班级民主管理的内涵

班级民主管理是相对于绝对服从、绝对权威的管理而言的，即班级管理者在"民主、公平、公开"的原则下，科学传播管理思想，组织、协调班级各项事务，达到管理目的的一种管理方法。班级民主管理是一种理念，也是一种方法，其核心在于民主、公平、公开地管理班级。民主意味着班级要形成民主的氛围，各项事务的解决要充分考虑全体同学的意见和建议，充分发挥全体同学的主人翁责任感；公平是指班级管理者在处理班级事务时要一视同仁，公平公正地对待每一位同学，防止出现徇私舞弊、恃强凌弱等与民主管理背道而驰的现象；公开主要涉及班级财务收支状况和班级事务的处理过程的通报或展示，事实上赋予了全体同学对班级管理的监督权。

2. 中等职业学校班级民主管理的必要性

教育目标要求中职学生具备综合的职业能力和职业素养。教育部《关于全面推进素质教育，深化中等职业教育教学改革的意见》指出，中等职业教育要"培养与社会主义现代化建设要求相适应，德智体美等全面发展，具有综合职业能力，在生产、服务、技术和管理第一线工作的高素质劳动者和初中级专门人才。他们应当具有科学的世界观、人生观和爱国主义、集体主义、社会主义思想以及良好的职业道德和行为规范；具有基本的科学文化素养，掌握必需的文化基础知识、专业知识和比较熟练的职业技能，具有继续学习的能力和适应职业变化的能力；具有创新精神和实践能力、立业、创业能力；具有健康的身体和心理，具有基本的欣赏美和创造美的能力"。中等学校要培养高素质劳动者和初中级专门人才，必须着眼于学生多种素质和能力的培养，而中职学生大部分未成年，学校从学生安全角度考虑，采取了较为严格的外出管理，学生没有很多课外兼职的机会，在校期间的能力提高主要依靠班级、学校提供的平台，班级民主管理就给学生提供了一个锻炼能力，提高素质的有效平台，学生通过民主选举、民主管理、民主监督等形式参与班级事务的管理，其基本的组织能力、沟通能力、言语表达能力、解决问题的能力等都能得到提高。

3. 中等职业学校班级民主化管理的作用

第一，班级民主管理有利于形成良好的班风。班级民主管理之下，全体学生成为班级的主人，具有了主人翁的责任感，愿意并且积极为班级做贡献。班级能形成良好的民主氛围，学生与学生之间，学生与班干部之间，学生和教师之间都能形成较为畅通的沟通机制，发现问题及时解决，每位学生对班级管理也有绝对的监督权，能有效避免班级不公正现象的出现，形成良好的班风。

第二，班级民主管理有利于提高学生综合素质。在民主管理与优良班风的陶冶下，学生处于正向、积极的环境中，能够使学生形成良好的道德品质，学生的个性也会在民主的氛围中得以施展，他们在同辈群体中取长补短，不断完善自我，逐渐形成正确的价值观和人生观。环境的放松也使他们敢于展露自己的各方面能力，从中获得自信并在团体中不断锻炼和提高各方面能力。

第三，班级民主管理有利于培养具有民主精神的公民。从政治学的角度，民主是我们迄今为止所能找到的最好的一种制度；社会呼吁民主，追求民主。除了需要有健全的民主制度及民主运作机制，还需要具有民主精神的公民，否则民主社会就失去了可以运行的根基。教育通过向受教育者传授民主的精神，在一定程度上推进了民主进程。中职学生正处于价值观形成的关键时期，在班级中实行民主管理，有助于培养他们民主法治的观念，使他们成为具有民主精神的新时代公民。

第四，班级民主管理有利于提高班主任的管理能力。中等职业学校常见的班级管理方法是权威型和朋友型，这两种方式各有其优点，但都将班主任牢牢束缚在班级工作中，一旦出现问题，班主任更多的是充当救火员的角色，学生则站在旁边看班主任如何救火。班级民主管理将学生置于问题的核心，日常工作由学生分工协作，全面处理，出现问题学生想办法解决，教师在班级工作中起协调引导的作用，因此班级民主管理有利于解放班主任，使班主任成为研究型、指导性管理者，从而提高管理能力和管理效益。

4.中等职业学校班级民主管理的可行性

中职学生年龄一般在15~18岁，他们正值青春期，是身心发展最迅速、最旺盛、最关键的时期，也是人生发展阶段的最佳时期，称为人生的黄金时代。中职学生作为一个特殊的青年群体，有着不同的特点和心理特征。学生学习上的挫败感需要从其他方面加以弥补，不少中职学生长期以来学习习惯不好，学习成绩不理想，被家长和教师贴上了"问题学生"的标签。学习方面的挫败和不自信，深深地烙在了他们的脑海里，这种心理压力常常使学生自我否定，找不到自己存在的价值，极大地影响着学生的进一步发展。作为青春期的学生，他们渴望被理解，渴望有价值，他们也希望通过展示个人能力的机会证明自己的价值。班级民主化管理给学生提供了平台，让每个学生成为班级的主人，让他们积极为集体做贡献的同时找到个人的价值所在，逐渐增强自信心，而这种自信心会引领他们的学业，以及人生的发展。再就是中职学生中蕴含着较强的社会能力，他们或者由于初中成绩不好无奈选择了中职学校，或者长期游荡在社会被家长强迫送至中职学校，或者在社会底层打工几年返回校园。但正是这个群体来源的复杂性，决定了他们具备较强的社会能力，这种学生有着比同龄人更多的社会阅历，因而在处世方面他们就会更灵活，也会较为理智地解决问题。有的学生虽然在初中学习成绩不好，但是性格爽朗，宽容大度，适应能力强，有的学生才艺出众，在诗歌、书法、唱歌、舞蹈等方面都有较为突出的表现，因而学生群体中所蕴含的较强的社会能力，奠定了班级民主管理的基础。

没有民主的管理是缺乏活力的管理，民主化管理是一种可以在中等职业学校实行的科学班级管理方法。班级管理者可以通过这一方法，追求高层次的管理境界。

综上所述，中职学校要紧紧把握时代发展的脉搏，始终坚持党的领导，从落实科学发展观的高度，结合自身的实际情况、发展方向、战略规划，不断创新学校民主管理的模式，开创民主管理工作新局面，更好地在构建和谐校园中发挥突出作用。只有认真开展和坚持民主管理，才能把学校的各项工作搞上去，更好地维护教职工的合法权益，促进民主管理工作和学校两个文明建设不断发展，为学校、社会的稳定与发展做出更大贡献！

第四节　社会服务

专业社会服务是现代中职学校的重大社会功能，也是中职学校提升专业能力的客观要求。中职学校开展具有自身特色的专业社会服务是"国家示范性中等职业学校发展规划"的重要组成部分。中职学校要牢固树立主动为社会服务的意识，全方位开展服务，中职学校作为实施中职教育的重要载体，必须坚持"以服务为宗旨"，充分发挥社会服务功能。开展适合本专业特点的社会服务，既有利于地方经济发展，又有利于自身专业成长。

一、中职学校专业社会服务的内涵

教学、科研、社会服务是现代学校的三大功能。中职学校专业社会服务是指围绕中职学校的某专业所进行的社会服务项目。它有广义和狭义之分。广义的社会服务是指中职学校为社会所做的所有直接和间接的贡献，包括培养人才、教学和科研服务等。狭义的社会服务是指中职学校在完成正常的教学任务和人才培养的基础上，为社会提供的直接的、具体的服务，如培训、咨询、成果转让、联办企业、产学研结合等，主要包括以下几个方面：教学服务，如开办培训班、讲座、业余学校、夜大、函授教育、委托培养等；技能支持，如技能开发、技能服务、成果转让、提供咨询、联办企业等；自办企业，即利用职业学校自己的人才集聚，由学校内部的教师和学生创办企业；提供劳动，把职业学校里的专业教师直接提供给社会使用；志愿者服务，师生为各种大型活动，如专业年会、技能竞赛等担任志愿者。

二、中职学校开展社会服务的现实意义

中职学校作为实施中职教育的重要载体，必须坚持"以服务为宗旨"，充分发挥社会服务功能，以提高办学质量为核心，以强化办学特色为重点，提高中职教育经济贡献率，保持持续竞争优势的能力。

（一）开展社会服务是中职学校的基本职能

中职教育是与社会经济发展最紧密的教育，其宗旨和生命力在于主动并有效地服务区域经济社会发展。职业教育要"以服务社会主义现代化建设为宗旨，培养数以亿计的高素质劳动者和数以千万计的高技能专门人才"，为我国走新型工业化道路，调整经济结构和转变增长方式服务，为农村劳动力转移服务，为建设社会主义新农村服务，为提高劳动者素质特别是职业能力服务。正如黄炎培先生所言："职业教育从其本质说来，就是社会性；从其作用说来，就是社会化。"职业性和服务社会是中职学校的

根本性质和使命。

（二）开展社会服务是中职学校的社会责任

作为一种特殊教育类型，立足和服务于所在区域是中职学校重要的价值取向。一方面，区域经济社会发展在很大程度上依靠广大劳动者素质和技能水平的提高。随着科学技术的发展和社会需求的变化，作为以培养生产、建设、服务、管理第一线的高素质技能型人才为主要任务的中职学校，在区域社会经济发展中的作用日趋显著。另一方面，区域经济的发展会不断地释放出不同的问题，作为与经济社会发展联系最密切、服务最贴近、贡献最直接的中职学校也有责任利用其人力、智力、科技优势去解决这些问题，为区域社会经济发展提供全方位的服务。中职学校只有通过主动而有效的社会服务才能实现其推动区域经济和社会发展两大目标，这既是中职学校的社会责任，也是中职学校存在的真正价值。

（三）开展社会服务是中职学校的内在需求

中职学校在发展过程中需要政府、企业和社会各界在政策、经费、设备和技术等多方面给予支持，这是其生存与发展的一个重要的社会基础。中职学校只有通过为所在区域的社会经济发展服务，才能实现以贡献谋发展，以服务求支持。如果中职学校不能承担起社会服务功能，就失去了自身存在与发展的条件。同时，中职学校面向社会，服务社会，有利于解决学校脱离社会、理论脱离实际、科技脱离生产的弊端，有利于中职学校在办学过程中把社会、经济发展的需求引入学校，有利于促进教育结构、专业设置、教学内容、教育方式的调整，激发中职学校改革的动力，使学校不断增强主动适应经济发展的活力。因此，中职学校服务区域经济社会发展的过程，既是中职学校与区域经济发展形成良性互动的过程，也是中职学校不断发展和壮大的过程。

三、中职旅游专业开展社会服务的功能定位

中职学校属于技能应用型学校，其社会服务功能具有鲜明的职业性和层

次性，其专业社会服务主要体现在两个方面：一是满足行业、企业的人力资源开发和各类岗前、职后、转岗培训需求，为行业、社会开展各类技能培训；二是以学校实训实践基地为依托，提供全方位的职业技能服务。中职学校开展社会服务的功能定位主要包括以下方面：

（一）人才服务

中职旅游专业服务社会，最基本、最主要的形式和内容就是为社会提供成千上万合格的技能应用型人才。中职学校作为区域性的学校，在为社会进行人才培养服务上，主要体现在根据地方对人才的需求，创办特色和优势专业，发挥专业优势，开展学历教育，为地方培养和输送生产、建设、服务、管理第一线的高素质技能型人才，使培养的人才在地方旅游经济建设和社会发展中下得去、留得住、用得上，为地方经济社会发展提供人才支持和智力基础。

（二）技术服务

为地方、行业和企业提供技术服务是中职学校服务地方经济社会建设的重要方面。中职学校要善于发挥在发展过程中形成的专业优势和科研优势，利用"双师型"教师专业实践技能强及应用性科研优势，要以面向地方开展应用研究为导向，以满足区域或行业的技术创新、技术开发需求为目标，为行业、企业提供各类应用性技术服务。通过主动与地方政府、企业联手，加强产、学、研合作，组织开展应用性技术攻关、产品研发和横向课题研究，开展技术传播、技术推广、技术培训、技术服务，在服务与贡献中获得自身更大的发展。

（三）培训服务

职业培训是职业教育的应有之义，培训服务是中职学校为社会服务的主要形式，也是中职学校社会服务的优势项目。中职学校要着力构建与政府、企业、社区、乡村等受众密切联系的开放式培训体系，充分利用中职学校的办学资源，建立灵活开放的职业培训网络，开展社会服务。面向全社会广泛开展中短期旅游与管理技能培训，承担企事业单位及行业领域的专项培训，如旅游从业人员培训、家庭旅馆从业人员培训等，承办各类与旅游服务与管理相关的职业技能鉴定工作，承办各级旅游服务与管理技能比赛项目，为行业和企业提高职业技能水平搭建平台。

（四）咨询服务

咨询服务被认为是中职学校为地方经济发展服务的最简单、最原始、最基本、最常见的形式。相对于本科高校，中职学校大多历史较短、学科单一、科研力量较弱，但仍然是所在地方智力密集、思想活跃的地方，是重要的智密区和信息源，加之中职学校大多拥有较丰富的信息资源，具有良好的区域、行业背景特点和地缘、人缘关系，中职学校可以通过设立社区服务站，组织"假期社会实践"和"青年志愿者"活动，为地方政府、企业、社区等提供决策、管理、技术等方面的咨询服务。从中职学校的使命和地方需求的角度而言，中职学校应该要有勇气、有能力成为服务地方经济社会发展的"思想库"和"智囊"。

四、中职教师开展社会服务现状

（一）科研能力较弱

科研能力已经成为衡量一所中职学校教师整体素质的重要指标，也是开展技术服务的核心和基础。由于某些教师的学历相对较低，缺乏科研方法，理论基础有待进一步提高，教师主持的科技研究与科技开发项目，大多还停留在理论研究层面，含金量不足，科技成果商品化、产品化的中间环节相当薄弱，科技成果转化率较低。

（二）实践能力缺失

实践能力的缺失是中职教师专业化发展的重大障碍。由于中职学校的教师大部分来自普通高校，多是在学科型人才培养模式下造就出来的。其特点是具备专业理论知识，但因为没有受过职业教师的专业训练，缺乏企业工作经历和专业实践技能，最终导致其实践意识欠缺。这些教师在实践教学与职业教育的性质和目标上存在较大的差距。

（三）动力机制缺失

中职学校还未真正建立校企合作的长效机制，学校不能满足企业有利可图的需要。因此企业对教师社会服务工作支持力度不够。另外，由于中职学校招生规模的扩大及教师社会服务激励政策与考核要求的缺失，导致多数教师疲于应付教学，没有时间也不愿为社区或社会开展服务工作。

五、提升中职学校教师社会服务能力的策略

中职学校如何有效地开展社会服务，如何提升中职学校社会服务能力，是当前职业教育领域关注的热点和重点问题。提升中职学校社会服务能力是一项系统工程，它具有复杂性、多样性、长期性的特点，其基本策略包括强化服务意识、夯实服务基础、创新服务模式、构建服务机制、健全服务体制。

（一）强化服务意识

社会服务的先进理念是中职学校开展社会服务的首要前提。中职学校要更好地为经济社会发展服务，就应该树立和增强服务意识。中职学校的社会服务要体现主动性和多样性，突出应用性和引领性。一是要进一步转变观念，树立起主动为社会服务的意识；努力克服自命清高不愿为社会服务，缺乏自信不敢为社会服务以及为社会服务思想消极、行动疲软等问题。二是要在科学发展观理论的引领下，更新办学理念和办学指导思想，进一步增强主动为社会服务的意识；在服务理念上，要以培养高等技术应用型专门人才为根本任务，以服务区域经济和社会发展为目标，逐步实现从被动适应性合作向适应性合作与导向性合作并重转变。

（二）夯实服务基础

中职学校要突出质量和特色兴校，加强"双师型"队伍和基础平台建设，

夯实服务经济社会发展的基础。一要树立质量第一的理念，把提高教育教学质量作为学校发展的第一要务，在学校的建设发展过程中积累和形成自身的办学特色；二要加强"双师型"教师素质队伍建设，使教师不仅能够胜任教学、科研，还要有意识、有精力、有能力为社会服务，为学校开展社会服务提供人才保障；三要结合自身办学特征及优势，着力构建校地合作平台、校企合作平台和校内生产性实训基地，加强硬件基础建设，优化教学设施设备，为开展社会服务奠定坚实的物质基础。

（三）创新服务模式

由于地域、经济、环境、专业设置等的差别，不同的中职学校有着各自的社会服务模式。目前中职学校的社会服务模式主要有职教集团模式、"订单式"人才培养模式、岗位技能再培训的社会服务模式、高校对口支援模式和"三下乡"服务模式等。中职学校开展社会服务要以面向区域经济为立足点，以构筑平台、培养团队为切入点，以校地合作、校企合作为着力点，坚持三个并重，即教师个体或小团队的自发合作与学校有组织的合作并重、项目合作与长期战略合作并重、适应性合作与导向性合作并重。通过开展政府引导型、行业主导型、企业主导型、市场需求型、资源共享型等多种形式的产学研合作，建立面向区域的开放式社会服务模式，提升中职学校社会服务能力。

（四）构建服务机制

社会服务机制的构建是中职学校开展社会服务的重要保障。要真正地履行好社会服务职能，中职学校必须建立和完善社会服务机制。一是将社会服务工作列入学校的总体规划和工作计划，成立社会服务工作领导小组和社会服务工作专门机构，统筹规划和具体实施学校的社会服务工作。二是将社会服务工作作为学校教职员工的职责要求，作为其评优、评先、晋职的重要评价指标，制定相应的目标考核机制和工作激励机制，进一步调动广大教师从事社会服务工作的积极性。三是设立社会服务工作专项经费，将社会服务工作经费纳入学校年度预算，为社会服务工作提供强有力的专项经费支持；四是加强与地方政府、行业、企业及社会等方面的沟通与联系，建立有效的合作与对接机制，保障中职学校服务社会的渠道畅通和工作常态化。

（五）健全服务体系

建立健全中职学校社会服务体系，扩大中职学校社会服务的外延和内涵。一是拓展服务功能，面向行业、企业积极开展技术服务，面向新农村提供农业技术推广、农村新型合作组织建设服务，面向社会积极开展高技能和新技术培训，面向社会开放学校的教育资源和文化体育设施，为当地居民提供科普、文化等方面的专业服务，构建多层次的社会服务体系。二是完善服务平台，通过建立和完善中职学校与政府合作平台、中职学校与行业协会合作平台、中职学校与企业合作平台等多种服务平台，构建开放式的社会服务体系；三是创新管理模式，通过开展应用性技术攻关、产品研发和横向课题研究等形式，组建以专业团队为核心的高水平合作团队，联合政府与企事业单位积极开展以技术传播、技术推广、技术培训、技术服务为主的产学研合作，构建全方位的社会服务体系。

总而言之，社会服务能力的高低是反映一所职业院校整体发展状况的重要标志之一，也是中职学校师资水平和学生能力水平高低的重要体现。同时，社会服务能力也是职业院校最重要、最核心的职能，是实现"产教融合、校企合作"的重要基础，是职业院校核心竞争力最直接的反映和体现。职业院校要在激烈的市场竞争中制胜，必须具备可持续竞争力，而强大的社会服务能力正是形成和维系竞争优势的战略基础和外显影响力。中职学校只有充分利用自身的教学科研人才资源，教学设施设备资源，教学技术及培训资源，为地方政府职能部门、企事业单位提供最佳的人才培养、人才供给、技术供给等服务性活动，才能持续发展。

第三章
中职旅游服务类教师的成长与发展

旅游服务类专业教师的教学能力直接决定和影响着所培养的毕业生的质量。要为旅游业培养合格的人才，首先必须有合格的师资队伍。如何才能使旅游服务类专业课教师随着旅游业的发展变化而不断提高自身教学水平，即搞好对教育者的教育，这是一个复杂而又紧迫的课题。

第一节 教师的职业发展

我国旅游教育事业经过三十多年的发展，已取得长足的进步，但在发展环节中对旅游人才培养起至关作用的教师职业发展研究还很薄弱。教师的职业发展影响学生素质的提高，同时也影响中等职业学校旅游服务类专业的发展，所以旅游服务类专业教师在教育过程中占有非常重要的地位。

一、研究价值

对"中等职业学校旅游服务类专业教师职业发展"进行研究的价值就是为了提高现有中等职业学校旅游专业教师的专业水平、科研素质和职业道德，为我国当前中等职业学校教育改革的发展提供借鉴、依据。教育的发展，除了必备的硬件设施，还有很重要的方面就是教育者的发展和综合素质的提高。与此同时，教师的发展现状也牵动着每一个教师的家庭生活，影响着每一所旅游职业院校的专业发展。因此，研究旅游专业教师的职业发展有助于人们更深刻地理解终身教育理念，解决教师在职业发展中面临的问题，从而提高我国中等职业学校旅游教师的综合素质，为培养高素质专业人才打好基础。

二、研究方法

（一）问卷调查法

通过调查问卷来了解目前中职在促进旅游服务类教师专业发展方面已采取的措施、方法及存在的问题，深入了解教师的职业需求及发展愿望。

（二）访谈法

主要采用个别访谈的形式，来了解其对教师职业发展的看法，在发展中所遇到的问题，对未来的发展规划、发展愿望和需求等问题。

（三）文献法

采用现代化信息技术手段，广泛收集和查阅国内外有关教师职业发展研究的文献资料，对文献认真收集和整理并对相关问题加以分析，借鉴已有的研究成果，以提供理论框架和研究思路，在此基础上进行突破创新。

三、研究综述

（一）国外研究综述

关于"教师职业发展"这一问题的研究最初源于20世纪60年代美国学者福勒（Fuller，1969）编制的《教师关注问卷》（*Teacher Concerns Questionnaire*）。随后，教师职业发展理论便成为世界各国教育界关注的焦点并在欧洲的英国、德国和亚洲的日本等国逐步发展兴盛起来。国外对于这一命题的研究主要表现在以下几个方面：

1. 对教师职业发展阶段的研究

职业发展阶段理论主要是针对教师在不同发展阶段的发展差异性所提出的。福勒和布朗（Borwn，1975）等人认为，"教师职业发展大致经历关注自我生存、关注学科、关注学生三个阶段"。卡茨（Katz，1972）在访谈与调查的基础上，提出了教师成长的四阶段论，即求生存时期、巩固时期、更新时期和成熟时期。美国亚利桑那州立大学的伯林纳（Berliner，1988）提出了教师职业发展的五阶段理论，即新手教师、熟练新手教师、胜任型教师、业务精干型教师和专家型教师等。

2. 对教师发展影响因素的研究

美国约翰霍普金斯大学的费斯勒教授提出了影响职业发展的个人环境和组织环境因素。学者格拉特霍恩认为，教师的职业发展与个人生活、工作情境以及促进教师发展的特殊介入活动等三方面因素有关。

3. 对教师职业发展组织保障的研究

莱克（Reich，1998）阐述了教师共同发展的重要性，并鼓励建立教师发展的合作支持系统，如建立教师协作共同体并对优秀教师设置赞誉和奖赏。

（二）国内研究综述

我国对教师专业发展研究起步较晚，尤其是对中等职业学校教师发展的研究滞后于对中小学教师的研究。已有的研究表明，我国学者对中等职业学校教师职业发展研究主要集中在以下几个方面。

1. 涉及中职旅游服务类教师职业发展的研究

王勇强在《如何培养旅游专业教师的实践能力》中提出为教师提供深入旅游企业管理或服务挂职锻炼的机制；有条件的院校也可以直接或间接开办一些旅游企业，增强教师理论联系实际的能力。旅游服务类专业教师要具备的素质包括：全面扎实的专业技能，精湛的外语水平，敏锐的信息捕捉能力，灵活多变的教学方法，规范良好的职业道德等专业素质。吴国清和叶新梁根据师资现状提出：培养和训练既能熟练准确传授课程知识，又具有较强实践指导能力的"双师型"专业教师的建议。

小资料　　　　　　　　"双师型"教师

一、"双师型"教师的含义

"双师型"教师是双能＋双职称，就是既能讲授专业知识，又能开展专业实践；既有讲师或以上职称，又通过国家统一考试取得本专业的中级职称。

二、建设"双师型"教师队伍的必要性

（一）从教师角色转换看建设"双师型"教师队伍的必要性

随着人类社会从工业社会转型为信息社会，学校教育的环境、职责和任务都发生了根本性改变。这种改变要求教师的角色必须也发生相应的转变。教师角色必须向适应终生教育和创新教育方向转变，即由书本知识的复制者转变为学生创新能力的培养者；由知识的给予者转变为学习方法的传递者；由强调统一性的教育者，转变为理论和实践的因材施教者。一个教师既可以是专业理论的传递者，又可以是专业实践的指导者，这就要求教师要"一职多能"，向"双师型"教师角色转变。

（二）从我国职业教育政策法规看"双师型"教师队伍建设的必要性

"双师型"教师的提出与其培养模式的逐步完善，已成为职业教育发展必须探讨的现实课题，这类教师的培养依据是什么？有什么价值？有什么意义？早在20世纪80年代，原国家教委就制定了一系列相应政策，如《中等专业学校教师职务试行条例》《技工学校教师职务试行条例》《关于加强职业技术学校师资队伍建设的几点意见》等，特别强调了教师的专业知识、专业技能和实践能力。《面向二十一世纪深化职业教育教学改革的原则意见》以及《中华人民共和国职业教育法》的问世，成为"双师型"队伍建设、培养的重要法源，奠定了"双师型"教师在学校的重要地位。其次，农村职教中心培养实用性、应用型技术人才，及其所设专业和校企合作模式为"双师型"教师的培养提供了可能性与可操作性。

1999年国务院关于深化教育改革全面推进素质教育的决定提出"加快建设兼有教师资格和其他专业资格的'双师型'教师队伍"。2000年教育部有关文件又指出"双师型"教师的基本条件。教育部明确指出，"双师型"教师队伍建设是提高职业教育教学质量的关键。"

（三）从我国职业教师现状看"双师型"教师队伍建设的必要性

要保证职业技术教育培养目标的顺利实现，必须建设一支师德高尚、理论扎实、善于创新、结构合理的"双师型"师资队伍。但现实的情况是"双师型"教师比例远远低于实际的需求。中职学校的存在与发展是基于经济发展对应用型技术人才的大量需求，但中职院校具备高技术素质的"双师型"教师所占比重不足。据调查，我国中职院校中"双师型"教师占专任教师总数的27%，而西方发达国家这一比例一般为50%以上。"双师型"教师比例偏少是中职院校的一大现状。通常学校普遍都存在着急需人才进不来、优秀人才留不住的情况。中职教师一旦具有较高学历、职称，掌握了实践知识，具备了应用能力，就成为较好企业和普通本科院校挖掘的对象。同时，由于地区发展水平和自然条件不同，也使得"双师型"教师由中职学校向发达地区流动，从而造成了中职教育"双师型"教师的严重流失和畸形流动，这是导致"双师型"教师队伍严重缺乏的重要原因之一。

当前，中职院校普遍存在着专业理论教师不能指导实验实训，或者实训教师基础理论薄弱，不能讲授理论课的现象；"双师型"教师占专任教师总数的比例偏低。因此，迫切需要建立一支符合国家规定比例的"双师型"素质的专业教师队伍。

（四）从国外中等职业学校看加强"双师型"教师队伍建设的必要性

丹麦以发展高中阶段的职业教育为主，主要机构是职业技术学校。职业技术学校对职教师资的基本要求是：完成第三级职业教育、具备专业技能并拥有5年以上的实际工作经历。丹麦职教师资培训采取附加培训方式，即在专业技能经验的基础上，补充教育教学专业知识技能的培训，使有经验的专业技术人员成为合格的职教师资。丹麦教育部要求新教师具备一定的专业学历背景和工作经验，在指定培训机构进行全日制的脱产学习，课程内容为教育教学理论知识和教学实践，课程结束并通过考核后将取得职业教育教师资格，凭此资格可以上岗执教职业学校。

日本的"双师型"教师被称为"职业训练指导员",是指具有技术专业(即机械、电工、家电维修等)和教育专业双学士学位的教师。他们主要在职业高中、专修学校、短期大学及公共职业训练机构从事专业教学。

2. 涉及国外对国内旅游教师职业发展启示的研究

庄捷从国内外教师专业实践比较的角度得出结论,国内旅游院校应给教师创造更多充电的机会,丰富教师的知识内容和知识结构,选派年轻有为的教师出国深造,从实践经历和工作经验方面提高教师的专业素质。张春梅、邹德文阐述了高素质教师的培养方式要注重同国际接轨,培养国际性专业人才,可以通过选派教师到国外或其他院校培训的方式,锻炼其实践技能。华侨大学的范向丽和郑向敏介绍了瑞士的教师职业发展经历,即"学校—酒店(或集团公司)—学校"的职业运行模式,使得教学与行业时刻保持接轨。

第二节 职业发展特点与动力

在中等职业学校教育中,教师本身的素质决定着教育的成败。随着教学、教育研究的逐步深入,加强旅游教师的职业研究、迅速提高旅游专业教师的发展水平,是一项刻不容缓的任务。

一、教师职业发展的特点

(一)自主性

中等职业学校教师的自主性是区别于中小学教师的一个显著特点,也为中等职业学校教师职业发展创造了便利条件。首先,中等职业学校教师在科研和教学方面具有较大的独立性,可以在完成教学任务的基础上,自由地选择合适时间从事科学研究,参加学术会议,继续学习进修,或针对旅游服务类专业对教师实践能力的需要,选择合适的企业进行挂职锻炼,这些都对发挥旅游服务类专业教师的积极性和创造性起到十分重要的作用。

（二）协作性

中等职业学校人才的学习、科研以及社会实践等能力的培养不是某一位教师可以单独完成的。首先，人才的造就和培养是一项综合性的系统工程，是教师集体智慧的结晶，它需要各个学科专业教师的协调和配合。随着现代科学技术的高速发展，学科专业之间交叉、渗透、融合的趋势逐步增强，使得旅游服务类专业越来越需要高级复合型的专业人才。而人才的培养要靠不同学科、不同专业的教师共同学习、相互借鉴、共同完成。其次，在科学研究方面，需要不同年龄、不同学科专业、不同职务的教师互相协作，联合攻关才能完成。因此，作为旅游服务类专业教师要培养协作发展的意识，需要在工作中不断向他人学习，丰富自己的知识，通过协作互助，共同发展，使自身不断充实完善，从而使自己得到进一步的提高。

（三）综合性

教师职业发展的综合性是指教师不仅要做旅游专业领域的权威，还要具备心理学、教育学等相关学科的知识与较强的实际操作能力。作为旅游专业教师在熟练掌握自己所讲授课程的同时，还要触类旁通，对其他相关学科的知识也有清楚的了解。例如，旅游服务类专业教师要掌握一些教育学、心理学方面的知识，了解旅游服务类专业学生发展的特点，根据学生的特点采取合适的教学方法；与此同时，旅游服务类专业教师还要具有较强的实践能力，并能够在实践中不断更新自己的知识体系，将前沿的理论与实践转化为学生的实际应用能力，这些都是旅游服务类教师职业发展综合性的体现。

（四）长期性

教师的职业成长不是一蹴而就的，而是需要一个长期积累、不断提高的过程，每一位旅游专业的教师都经历了"经验积累—充实完善—创造发挥"的终身完善过程。在发展过程中，通过不断调整自身的状态，通过教学、实践、科研等形式吸收他人成功的经验，并通过自己对他人经验的理解，将其融入自己的教学工作，在经历了一段时间的消化、吸收及融合后，作为专业教师已经能够独立地完成旅游专业教学和一定的科研任务，进入循环不断地充实、完善的过程。在这一过程中，许多教师开始探求教学和科研规律性问题，并形成自己的独立见解。通过自身的努力与探索，教师最终形成独特的教学风格，在科研方面也进入成熟创造期。

二、教师职业发展的动力

（一）外部动力

学校根据教师的发展情况制定的奖惩标准：包括组织上制定的检查性评估、职称和学历的晋升、工资及其他待遇的提高、优秀教师的评奖、社会声望（在同事、学生中）的提升等，对教师的职业发展，都有一定的促进作用。

（二）内在动力

教师对自我价值实现的追求是教师发展的内在动力，是教师在执教过程中对工作的热爱和对学生进行培养的过程中形成的一种坚定执着的信念，是源自内心自我价值实现的渴望。因此，教育不是简单的操作性行为，而是基于信念的事业。现代教师的职业发展，就是要求教师在职业生涯中为满足学生成长需求、适应社会发展进步而形成的自主成长、自我充实与完善的过程。因此，应该重视教师职业发展的内在动力，内在动力比外部动力促性更强，影响也更加深远。

小资料　　　　　　　　职业发展

关于教师职业发展的概念，在不同研究者的论著中有不同的理解。

美国教育联合会（National Education Association）于1991年曾经对"教师职业发展"这个概念进行解析。该组织认为：教师职业发展基本围绕着个人发展、专业发展、教学发展和组织发展四个方面。个人发展包括采取整体计划，提高教师人际交往能力，维护健康，进行职业规划；专业发展包括促进个人成长，获得或提高与专业工作相关的知识、技能与意识；教学发展包括学习材料的准备、教学模式与课程计划的更新;组织发展集中于营造有效的组织氛围,促使教师采用新的教学实践。

第三节 发展现状

随着中职教育的迅速发展,旅游专业教师的专业化问题越来越成为影响我国中职教育发展的关键因素,旅游服务类专业教师的现状令人担忧。

一、职业生涯发展理论

1. 教师职业生涯发展周期模型

20世纪80年代,美国霍普金斯大学教授费斯勒和圣露易斯大学教授克里斯坦森在借用社会系统理论基础上提出了动态的"教师职业生涯发展周期模型"(Teacher Career Cycle Model)。在该模型中,教师职业周期被分为职前期、职初期、能力建构期、热情成长期、职业挫折期、职业稳定期、职业消退期和离岗期八个阶段。他们结合翔实的个案,分析了个人生活环境和学校组织环境对教师的影响,阐明了教师在每个阶段的专业发展特征和需求,提出了相应的激励措施和支持体系方面的建议。这一模型为了解旅游服务类专业教师的职业成长提供了一个非常有用的参考架构,便于在研究的过程中根据各个时期教师职业发展过程中呈现的特点,提出有针对性的措施和策略,为旅游服务类专业教师的职业发展研究提供理论参考。

马斯洛的"需要层次理论"把人的需要从低到高分为生理需要、安全需要、爱和归属的需要、尊重需要、自我实现的需要五个层次。在这个理论中,认同和尊重人的价值成为马斯洛演绎其理论的起点。任何对人的激励都不能忽视对人的生存需要的关注,而在不同的人的行为差异背后亦往往有着内容不同的需要,故发现和区别被管理者不同层次的需要并给予满足以及对人的不同时期的不同需要给予足够的重视,是实施有效激励的重要原则。

2. 需要层级理论

结合目前旅游专业教师职业发展现状,可以通过如下方面来满足旅游专业教师的需要并达到激励目的：

提高教师待遇（工资、奖金、课时津贴等），解决教师住房等问题，健全社会保障体系，改善教学工作条件，制定适当的人事升迁及评先表彰制度，让广大旅游专业教师参与学校各项管理措施的制定来调动专业教师的积极性。

给予青年教师更多的学习进修机会，进一步提高其思想、业务素质，满足其成才、发展的需要。

鼓励旅游专业教师创造潜能的发挥，允许他们在教学上的改革尝试和不同教学风格的并存，即给教师一定的教改自主性和自由度，营造和谐愉快的工作环境和团结奋进、充满信任和尊重的工作氛围。

在考虑大多数教师共性需求的同时，也不忽视个人的兴趣、需要、价值观、能力、气质、性格等个性因素，采取相应的激励措施，以保证教师管理工作激励效果的最大化。

二、旅游服务类专业教师职业发展现状及存在问题

（一）中职教师职业发展的现状

1.成熟骨干教师流失比较严重

无论是公办中职学校还是民办中职学校，成熟骨干教师流失的现象都比较突出，其中一个重要原因是学校待遇低，留不住人才。这些中职学校的专业骨干教师，一旦实践能力提升，而相应的劳动长期没有得到相应的回报，就可能会跳槽去待遇更好的学校或企业，民办学校这种情况更加严重。

2.教师职业成就感普遍不强

职业成就感是指从事某种职业带来的一种荣誉感、自豪感以及心理的满足感。中职教师职业成就感普遍不强，主要原因是由他们的授课对象自身特点决定的。多数中职教师没有成就感，职业幸福感缺失，社会地位得不到认可；社会上普遍认为培养的学生基础差，成才率不高。此外，教师待遇比较低，很多教师认为自己的劳动与付出没有得到相应的报酬。有的教师因经常与学生生气导致心情极差，生病率增加。

3. 教师晋升高级职称通道不畅

中职教师职称上升到高级讲师后，很难再向上晋升，遇到"职业高原"瓶颈。所谓"职业高原"是指个体在其职业生涯中的某个阶段，获得进一步晋升的可能性很小，在这个阶段中个体的职业生涯进入一个在相当长时期里无法提升的状态。领导激励理论认为个人努力的积极性取决于职工未来期望目标与效价的乘积。当教师遭遇"职业高原"瓶颈无法突破时，职业发展目标无法实现，教师工作积极性可想而知。在现有政策下，中职教师晋升正高职称难度极大，很多教师为此感到失望。各个地区在职称评定方面设定严格限制，如根据学校教职工总数，限定初级、中级、高级职称比例，只要达到饱和，低职称教师便无法晋升。很多学校近10年未评过高级职称；有的学校所在市教育部门在高级职称比例设置上严重倾斜重点高中，重点高中职称设定的比例与中职学校相差近30%，严重挫伤中职教师积极性。中职教师评聘讲师和高级讲师的标准参照普通高中执行，没有体现中等职业教育的特色，很多中职教师比较迷茫，感觉前途无望。由于受到种种条件限制，现有中职学校高级职称教师比例偏少。

4. 教师培训进修苦乐不均

受经济、区位、政策等因素的影响，中职学校教师培训进修呈现苦乐不均的状态。东部省份处于改革前沿，经济发达，教师培训机会多，培训层次高。南部经济发达地区的中职学校有机会与国际知名院校建立友好合作关系，50%以上的教师被选派到新加坡、德国知名职业技术院校研修，教学质量明显提高。上海市还专门组建中职教师培训基地，每年培训人数在1500人左右，培训内容为"职教理论—专业培训—模块化培训—班级管理—企业实践"，体现了中职教师培训的专业化、时效性、模块化、人性化等特点。但中西部地区中职学校由于受到种种条件限制，培训进修力度不大。在培训的内容上，现有的国培、省培项目针对性不强。国培顶层设计很好，但实际效果欠佳。有的国培项目理论性太强，教师虽经过两个半月到三个月的培训，但对职业技能提升并没有多大帮助。在培训地点上，大多数国培、省培项目均在高校，教师满意度不高，应该安排入企培训和进修，使教师掌握企业最前沿的技术，了解企业对人才的需求，人才培养才能具有针对性。

5.教师职业规划管理参差不齐

对于职业规划管理，学校需要给教师指明发展方向、树立明确职业发展目标和路线，并为教师提供机会，实现个人目标和学校发展目标的统一。大多数学校领导对教师职业规划比较重视，但重视程度呈现区域性、层次性特征。东部地区经济发达，校企合作机会多、层次深，教师职业规划管理有可靠外在条件。在一些国家级重点或示范中职学校，教师职业规划管理有良好的理念保障和制度保障，职业规划顶层设计比较系统。有的学校很重视教师职业规划管理，成立教师职业发展指导中心，各校在教师职称评定、学历提升、培训进修、骨干教师选拔、人才津贴保障等方面制定了比较完善的制度。但一些条件相对较差的普通公办中职和民办学校，其教师职业规划管理不容乐观。教师外出培训进修有的仅限于省内，极少派教师到省外或国外培训。此外，对优秀教师奖励不够，档次没有拉开，优秀人才留不住，流失比较多。

（二）中职教师职业发展中存在的问题

1.缺乏法律法规等相关政策的保障

中等职业学校旅游教师的专业发展需要完善的法律法规保障。我国第一部有关教师的法律《中华人民共和国教师法》于1994年施行，虽然已经过去了近30年，但在政策和执行力度方面都有待完善。近几年，教育部相继出台的有关中等职业学校教师队伍建设的文件，提出要加强中等职业学校教师队伍的建设。由此可见，我国宏观上保障教师权利与发展的法律需要完善。

2.政府主管部门教育经费投入不足

各地教育部门经费多数依靠财政，缺少其他渠道的经费保障机制。根据《中国统计年鉴》统计，我国中职教育经费的来源主要有5种：国家财政性教育经费，事业收入，社会团体和公民个人办学经费，社会捐助和集资办学经费及其他教育经费。在经费来源渠道中，国家财政性教育经费占总经费的60%~70%，且近年来有所增加；在国家财政性教育经费中，我国中职旅游教育经费总量明显不足。事实上，随着近年国家财政性教育经费的增加，我国中职旅游教育经费投入数增加，增长的比例却相对较低；另外，中职旅游教育的教育经费占中职各专业教育经费的比例偏低，呈逐年下降的趋势。这导致原本就不充足的教育经费更加捉襟见肘。

3.学校对中职旅游教师专业发展不够重视

良好的外部环境是教师专业发展不可或缺的重要条件。在中职学校中，学校管理层的重视程度直接影响教师的专业发展。调查显示，多数教师表示学校支持旅游教师专业发展，但并没有落实到具体措施上。学校没有针对旅游教师专业发展规划提出具体的培训目标与培训要求。当前的培训课程缺乏针对性，旅游专业教师缺乏提升专业理论水平的有效途径；在中职学校内，学校为旅游专业的学生创造了在合作酒店或旅行社实习的相关机会，却没有给予旅游专业老师充足合适的实践与锻炼机会，这在一定程度上影响了旅游专业老师的专业实践能力，也影响了教师的专业发展。

4.教师考核评价机制不健全

教师的考核评价制度是影响教师专业发展的一大因素。调查显示，大部分教师对当前的考核评价制度不是十分认同，认为当前的考核评价制度不能真实体现自身的专业素质与教学水平。据分析，考核评价制度主要存在三个问题：一是当前的考核评价机制没能用发展的眼光与态度来看待教师的专业发展。二是教师认为当前的考核评价制度已经过于陈旧，不能考核新时代对教师专业素质的影响。三是当前的考核评价制度重理论轻实践。对于考核评价制度的作用，多数教师认为，当前的考核评价制度难以给予教师充分的激励作用，还有少数教师对当前的考核评价制度不是很满意，认为考核评价结果缺少真实性。

5.教师职业理想缺失，职业倦怠较重

多数中等职业学校旅游教师缺少对自身专业发展的清晰规划，这些教师多数存在职业倦怠感，对工作缺乏热情，只是做好本职工作而已。具体体现在以下几个方面：一是教师对本职业评价不高，只有极少数教师对本职业评价尚可。二是自卑感，多数中等职业学校旅游教师自感社会地位不高，对教师这一职业没有发自内心的喜爱和尊重。三是由于中等职业学校学生生源素质问题且中职学生正处于青春期，学生相对难以管理，教学难度大，许多教师对学生态度差，极易冷漠、愤怒，直接导致师生关系的紧张。四是教师缺乏成就感，在工作中动力不足。五是由于中职教学工作压力较大且缺乏有效的激励机制，长此以往，容易使教师产生职业倦怠感，丧失职业理想。

6. 教师工作满意度低

调查发现，有很大一部分中等职业学校旅游教师的专业满意度较低，对自身缺乏专业认同感，对自己的专业水平现状不满。这与中等职业学校旅游教师专业发展互为因果，既是教师专业发展不健全的部分原因，也是中等职业学校旅游教师专业发展程度不高造成的结果。另外，由于职业学校社会地位不高，社会上对中等职业学校旅游教师的社会地位也缺乏认可，导致中等职业学校旅游教师缺乏职业自信心。中职学校的生源多为学困生，综合素质较差、缺乏学习动力，教学效果不尽如人意，这也使旅游中职教师缺乏足够的成就感，让教师感到难以实现自我价值，最终导致专业满意度和专业认同感较低。

7. 教师专业发展意识缺失

中等职业学校旅游教师缺少专业发展意识。据调查，许多教师不明确教师专业发展这一概念，对自身如何专业发展更是缺少合理规划。中等职业学校旅游教师在业余学习专业知识的渠道较为狭窄，学习精力也会随年龄增长而减弱。据分析，教师自身缺乏明确的专业发展计划，不满意现状者也安于当前现状，但缺少改变的意愿。大部分教师自主发展意识不强，缺少对自己教学行动的反思以及对自己未来职业发展的规划。多数人将自身专业发展寄托于学校管理而不去想方设法地积极改变自身，忽视了自身的主观能动性和主体地位。

8. 教师专业知识、技能更新速度慢

我国中等职业学校的教师大部分学历起点比较低，且近年来高等教育的扩招让中职教育几乎处在被人遗忘的角落。生源的缺乏导致教师数量增长极其缓慢，教师为了适应学校的专业结构调整和新专业教学需要，必须承担多学科和新学科教学任务，仅仅完成常规的教学任务就要花费教师大量的时间和精力，他们没有更多的时间和精力去进修和提高，更没有时间和精力就某一个学科或教学方法深入钻研。此外，中职的教学几乎是在低水平重复，再加上教师专业实践的缺乏，年龄增长和记忆力的下滑，中职教师的职业倦怠也使得他们缺少更新知识和技能的主动性和积极性。再加上学校的不够重视和培训制度的不合理，这些都导致了中职教师知识技能更新速度慢，跟不上时代和课改的发展要求。

第四节 影响发展的因素

影响旅游服务类专业教师职业发展因素有很多,包括教师自身因素、学校因素、学生因素、社会环境因素等,这些因素都对行业发展起着制约性作用。

一、教师自身因素

目前,在我国旅游教育中,中职旅游服务类专业教师的来源,主要有四个方面。

(一)旅游院校毕业应聘来的教师

这部分教师往往是由旅游院校直接应聘到中职旅游学校任教的,他们专业理论知识系统,思想活跃,也曾在旅游企业实习过。但这部分教师在实践教学中有两个不足之处:一是他们的专业属于非师范类,故对教学的各个环节,如备、教、辅、导、考不甚熟悉,教学方法简单,不能很好地组织教学;二是他们缺少在旅游企业实际工作的经验,服务操作技能达不到规范化,不能很好地将理论知识与实际工作结合起来。

(二)从其他专业转行而来的教师

这部分师资在旅游教育发展初期较多。当时由于缺少专业课教师,一些从事其他专业教学的教师转教旅游服务类课程。这部分教师教学经验丰富,在学生中威信高。但他们缺乏系统的旅游服务类专业知识和在旅游企业实际工作的经验,所教技能和知识肤浅,不够深入,有的甚至是照本宣科。

(三)从旅游企业调入学校的教师

这部分教师有丰富的旅游企业实际工作经验,操作技能过硬,案例教学好,教学有针对性、实际性强,很受学生欢迎。但他们学历较低,缺少系统的理论知识,对教学活动中的各环节也不甚熟悉。

（四）旅游学校毕业留校任教的教师

这部分教师工作积极热情，往往也被学校派到旅游企业跟班工作过一段时间，既有理论，又有实践。但他们的学历往往偏低，理论知识和实操技能都有待于进一步提高，再上一个层次。

二、学校因素

行政管理体系限制了教师发展的自主性。教师的发展由于受到上级管理机构的限制，较少有参与组织决策的机会。现行的教师考核评价体系，评价内容比较简单，主要是根据科研和教学的定量考核，忽视了教师个体的特殊性和主观能动性，对于教师是否参加培训或实践，并没有明确的要求。例如，培训项目是否合适，受训人在接受培训后综合素质是否得到提高等，都没有一个明确的评价。在考评过程中，过于强调教学、科研成果的数量，不重视甚至忽视质量；评价方法机械，多采用简单的组织考核的方法；在目前的这种评价体系下，使得教师的发展有较大的盲目性和自发性，导致整体培训效果不理想，影响教师培训的需求，挫伤教师参加培训的积极性。

三、学生因素

教师是教学中的主导，而学生是教学中的主体；教师与学生的关系，是平等和谐的作用与反作用的关系。一位德才兼备的教师，既是学生的榜样，也会受到学生的爱戴，学生的激励因素也促进了教师职业能力的提高。首先，学生的知识需教师传授，教师在向学生传授知识的同时，也迫使教师不断完善自身的知识结构与教学水平。其次，学生的语言、行为、仪表在某种程度上也反映着学生的职业素质。尤其是旅游服务类专业的学生在工作后要面对形形色色的客人，其工作对象较为复杂，工作内容也比较烦琐，如果教师在平时授课过程中向学生传授了相关的知识信息，用自己的亲身实践告诉他们哪些能做，哪些不能做，应该怎样去做，就会避免学生在工作中走弯路。当然，这也对教师的教学能力有了更高的要求。

> **小资料** 　　**旅游服务类学生应具备的基本素质**
>
> 　　第一，政治素质。是指一个人的政治态度、政治品质以及对国家、民族、社会的根本看法等，涉及人的政治观点、信仰、理想、追求以及民主法治意识、参政议政能力等方面，具有时间性和层次性特点，即不同历史时期有不同的内容，对不同的人有不同的要求。政治素质保证人的素质实施和发展的方向。
>
> 　　第二，文化素质。是指人们对自然、社会和主体自身的认识能力、反应能力。文化素质是人的素质的主要内容，它是形成人的各种能力的前提和基础。
>
> 　　第三，道德素质。是指一个人的道德理想、道德境界、道德品质、道德情操、道德修养以及道德行为等。它具有社会性、层次性和人类性等特点。道德是维持人类社会必然和必需的东西，也是社会主义精神文明建设的重要内容。道德素质的高低会对人其他方面的素质形成、发展和实施产生重大影响。个人的道德素质直接关系家庭、社会以及整个国家的安定团结。
>
> 　　第四，心理素质。是指人的心理对外界环境的适应能力、反应能力和创造能力等，是一个人精神状态的总和。它包括心理的稳定性、心理的相容性、心理的创造性和心理的时效性等。
>
> 　　第五，身体素质。是指人的健康状况、精力充沛状况和身体的适应能力等。心理素质和身体素质分别构成人的心理基础和生理基础，直接影响和制约着人的各种实际工作能力的发挥。身体强健，才有可能最大限度地发挥人的潜能，调动意志力和应变能力。

四、社会环境因素

　　社会心理学认为，一个人的发展，在很大程度上取决于社会环境的发展。社会经济文化的发展水平，社会对于旅游教育与教师的地位、价值的认识和看法，影响着教师对自身价值的评价。同时，教育改革与发展对教师的要求，教育行政部门对教师培养和发展的导向，旅游企业对旅游专业教师的需求等社会环境因素，也激发了教师对自身成长的关注。可以肯定，良好的经济发展水平，旅游业蓬勃向上的发展态势，政府对教育的重视程度，全社会尊师重教的良好氛围，教育行政部门的重视和鼓励，都会对教师的职业成长起到潜移默化的促进作用，激发了教师神圣的使命感，也为教师的职业发展创造了良好的环境空间。

五、职业发展及激励机制因素

国际21世纪教育委员会主席雅克·德洛尔认为，教师要能做好工作，不仅要有足够的资历，也要得到足够的支持。除物质条件和合适的教学手段外，还需要一种评价和检查制度并将其作为识别高质量的教学和鼓励手段。中职教师职业规划存在困境与职业发展及激励机制不完善、不健全有密切关系。一是缺乏对技能人才的专项支持，没有形成重视技能的氛围。如绩效工资实行以来，教师收入包括财政工资和绩效工资两部分，学校账户由上级教育部门托管，学校没有专门人才激励资金，技能人才的贡献没有得到体现。二是教师队伍激励机制不系统、不完善。中西部地区很多中职学校没有建立专业带头人、专业负责人、骨干教师、教学新秀人才梯队，有的地区只遴选了骨干教师，并给予少量津补贴。人才培养梯队没有建立，不利于教师职业发展。

第五节 职业发展对策

随着我国旅游业的不断发展，中职旅游教育也受到更多的关注，中职旅游专业课程建设及教师教学素质也需要得到提高。职业教育为社会输送大量的专业人才，在社会中发挥着重要作用，对中职教育专业教师的教学素质也提出更高的要求，因此中职旅游服务类专业课教师应不断完善自身，提高教学能力，具备良好的教学素质。

一、职业素质的完善

(一)培养职业发展意识

作为旅游服务类专业教师,首先应树立终身发展的职业意识,不能满足于停留在某一阶段止步不前,而应立足于长远规划,不断丰富和更新自己的专业知识水平,促进自身的全面发展,实现教师职业发展的全程性理念。其次,还应具有时刻把握旅游行业动态和市场需求的意识。伴随着旅游行业新思想、新观念的不断出现,旅游服务类专业教师要与时俱进,不断学习才能跟上时代的发展步伐,才能始终站在行业发展的最前沿。最后,还要培养自己的专业发展意识,《教师角色与教师发展新探》一书中指出:"教师的自我发展意识,按照时间维度包括三方面:对自己过去专业发展过程的认识,对自己现在专业发展状态、水平和所处阶段的认识,以及对自己未来专业发展规划的认识。"教师职业发展意识包含了信心的增强、教学和实践技能的提高、对所教学科知识的不断更新拓宽和深化,以及教学手段和方法的更新等。总之,教师职业发展意识包含着丰富的内容,这意味着教师要时刻激励自己,不断充实、完善自身的职业发展水平,在自身成长的同时也要向学生灌输职业发展的意识,成为一个把工作提升为自己生活组成部分的人。

(二)树立职业道德观念

旅游业是一个服务行业,其行业的特殊性要求从业人员具有良好的职业道德。对旅游服务类专业教师来说,在具备一般教育工作者应具备良好道德品质的同时,还要具备旅游服务类专业特有的职业素养和职业意识,并在学生面前起到示范和表率的作用。由于旅游服务类专业的学生无论是在专业实习还是今后工作中,都处于对游客服务的最前沿,为此,让学生树立良好的服务意识、积极的服务态度、吃苦耐劳的奉献精神和诚实善良的道德品质,就显得尤为必要。同时,教师的职业道德树立必须先行于学生,作为旅游服务类专业教师必须严于律己,以身作则,为学生做出表率,这样才能以自身的形象强化对学生的教育,对学生专业素质培养起到潜移默化的作用。所以,拥有良好的职业道德是教师职业能力的重要体现。

二、职业能力的强化

(一)丰富的实践经验

旅游服务类专业是理论与实践结合紧密的特殊行业。它一方面需要任课教师有渊博和扎实的理论功底;另一方面,又需要教师有一定的管理实践经验,并且还能将理论与实践有机结合起来,没有经过实践检验的理论毕竟只是空中楼阁。旅游学科理论知识的最终目的是能运用于实践中,并获得实际效益。为此,对于应用性很强的旅游服务类专业来说,教学实践水平直接影响到课堂的教学效果,也影响到学生对知识的理解和掌握。这就要求旅游服务类专业教师应该具有自己所从事专业和研究方向的一定实践经验,在教学授课过程中如身临其境,而不是单调枯燥的照本宣科。专业教师在具备全面扎实的专业知识的同时,还应具备熟练高超的实际操作能力,才能在教学过程中既能做到动口又能做到动手,既能讲解又能示范,能解答和处理学生提出的各种实际问题,才可避免教学中理论上滔滔不绝与演示上捉襟见肘的尴尬局面。教师实践技能的发展是教师职业发展的重要组成部分。为此,可以借鉴瑞士旅游学校的一些发展经验。在瑞士,教师本身就要具有充足的实际工作经验。首先,在成为教师之前,要有两年以上的本行业工作经历;在之后的教学期间,学校有义务安排教师到与教学相关的领域进行为期3~6个月的实践工作。有的教师本身就被饭店聘为总经理。此外,还有与国际上其他院校的教师交流。我国可效仿国外旅游院校,建立中等职业学校教师定期深入旅游企业服务挂职锻炼的机制。旅游服务类专业的任课教师每隔一段时间就被派到旅游企业进行顶岗锻炼,以熟悉旅游企业管理和经济发展的前沿动态,考察旅游企业对人才培养的需求,熟悉新的管理服务模式,强化服务与管理实践能力,更好地为学生传授最新的旅游经济发展资讯、旅游企业最新的管理模式和服务方法,更好地指导学生有针对性地进行实际工作能力的训练。另外,教师要积极参加全省乃至全国的专业技能大赛,快速提高技能水平,见图3-1和图3-2。

图3-1 中职教师说课大赛

图3-2 师生技能比赛

（二）丰厚的知识积累

要培养具有良好综合素质、视野广阔的面向21世纪、面向世界的旅游人才，旅游服务类专业教师首先要具备宽阔的视野和丰厚的知识积累。旅游学科是一门典型的综合性学科，涉及政治、经济、地理、人文、管理、美学、建筑、艺术等多个学科领域，因此，作为一名从事教学和研究的旅游服务类专业教师必须具备广博的文化知识及合理的知识结构，加快知识的积累和专业素质的提高，这是教师职业发展及塑造优秀教师形象的基本保证。旅游服务类专业教师首先要具备扎实的专业理论功底，对自己所讲授学科的理论知识能够良好地把握，并形成自己独到的见解。同时作为综合知识的传授者，旅游服务类专业教师还要触类旁通，对其他旅游相关学科的知识也有清晰的了解和认识，努力做到既有精深的专业知识，成为所教学科的"专才"，又能不断提高对本专业边缘和前沿知识及技术的掌握程度，成为本专业相关学科中的"通才"。作为旅游服务类专业教师还应具备理论与实践相结合的能力，运用丰富的专业知识指导实际工作，处理和解决工作中遇到的问题。

（三）灵活的教学手段

灵活的教学手段，是完善旅游专业教师职业发展的重要措施，也是取得良好教学效果的重要保障。由于旅游服务类专业自身的复杂性，涉及旅游交通、旅游环境、旅游企业等方面的知识，在教学过程中单一的讲授法已无法满足学生的学习需要，也不适合旅游行业现代化的发展需求。因此，旅游服务类专业教师要具有现代的教学理念，掌握灵活的教学方法和手段，激发学生的创新能力和独立思考能力，改变传统的照本宣科教学模式，激发学生更多的学习热情和参与意识。在教学中教师除了要注重基础理论的讲授，更要注重将理论运用于实践的能力，解决实际问题。比如，在教学中除了传统的讲授法，还可增加课堂讨论、学生演讲、模拟导游、操作演练、企业参观、企业见习、野外考察等多种教学手段，形成寓教于乐、直观生动的教学氛围。

（四）流利的外语会话能力

高超的外语水平是教师职业发展的保证。旅游行业的涉外性，要求旅游服务管理人员具备熟练的外语会话能力，但现阶段旅游行业具有熟练外语会话能力的从业人员，大多是外语学院的毕业生，而旅游服务类专业科班出身的毕业生在英语会话方面还略有欠缺，这同旅游服务类专业教师外语水平欠佳有很大关系。如果每位教师都具有高级外语会话能力，在日常教学过程中能经常使用外语情境会话或双语教学，既能使学生得到真实的感性认识，又能循序渐进地提高外语水平，同时还使教师以自身的外语实力展现出未来工作对学生的外语要求，使学生有参照。在西方许多国家非常注重培养国际性人才，在瑞士的旅游专业课堂教学中，绝大多数课程都采用双语教学模式，这无形中提升了教师对外语的掌握程度。未来的世界旅游业和中国旅游业将是一个更加开放和更加国际化的行业，学校与学校之间的学术交流也将越来越频繁，在这些与国际的交往中都需要用到国际交流的语言——外语，所以旅游服务类专业的教师必须熟练掌握这门必备的语言工具。对于双语教学的课程，可以从以下几个方面选择：一是工具类，包括旅游英语、计算机操作等；二是公共关系类，包括商务礼仪、公共关系等；三是专业技术类，包括导游实务、饭店管理、客房管理、旅行社管理和市场营销等课程。对于旅游地理、旅游法规等课程由于其专业度较高和英语表述的专业化，在教学中不容易把握其学习效果，因此可以根据教学内容的需要，选择性地开展双语教学。

（五）熟练的计算机操作技能

熟练的计算机操作技能是旅游服务专业教师职业发展的基础。随着网络信息技术的不断发展，未来对计算机网络的依赖性将逐步加强。在此情况下，计算机网络语言将成为未来旅游管理人才除母语和外语之外必备的第三种语言。一方面，随着信息化的发展，酒店、旅行社等旅游企业，在招聘过程中都需要其员工具有熟练的计算机操作技能，而作为旅游服务类专业理论知识传播者、旅游行为规范示范者的专业教师必须熟练掌握计算机网络语言，这也是随着现代教育技术的发展，对旅游服务类专业教师能力的要求。另一方面，网络信息也是人们获得信息知识的重要途径，通过互联网旅游专业教师可以更多、更快地把握最新的行业动态，了解相关信息，这也为教师的教学提供重要的参考。尤其是多媒体网络教学技术的运用既丰富了课堂教学手段，也为学生提供了更加生动、直观地掌握形式，促进学生对知识的消化和吸收，提高教学的实际效果。因此，对于旅游服务类专业教师来说，掌握熟练的计算机操作技能也是非常必要的。

三、中等职业学校的组织保障

（一）岗位培训制度的建立

随着旅游业的飞速发展，对旅游人才的培养要求也越来越高，任何教师想靠一次性学习、进修应付终身的教育任务是不可能的。力求使所有旅游服务类专业教师自觉地和有组织地不断接受再教育，就要制定明确的培养规划，明确培养教师的职责和任务，由学校进行宏观管理并形成相应的制度，各职能部门制订具体的培训方案，对每位教师提出针对性的培养意见和培训要求。

1. 职前培训

教师的发展要经历一个由不成熟到相对成熟的发展历程。对于即将踏上教育教学工作岗位的年轻教师来说，岗位技能培训显得尤为必要。对此，可以借鉴哈佛大学的一些成功经验。哈佛大学会在每学期的开学前安排助教的培训。培训的针对性非常强，见习助教需要掌握的基本教学技能包括：互动的教学技巧，有效的表达技巧，实验操作服务，如何编写课堂讲授大纲、安排课时和组织考试，组织课堂讨论的方法，与学生相处的技巧，如何解决诸如学生对成绩的争议或学生之间的矛盾等。在培训的过程中，不但会安排有经验的人员来传授经验，而且要求接受培训者要动手进行课堂设计，并尝试讲课，其他人参与讨论，互相提出改进意见。这种真刀真枪的训练克服了以往简单讲授的形式，使新教师在进入岗位之前真正积累了一定的经验，非常有利于他们今后的从教生涯。

由于旅游服务类专业是非师范专业，在教学过程中，许多教师对于教学技能、教法等师范类专业必修项目还不熟悉，有些年轻教师对于讲课的声音语速、教学板书的位置和最基本的教态都达不到规范要求。为此，加强教师的技能培训是新教师在步入教学岗位前所应掌握的第一项基本技能，这项技能的培养不是通过一两周的短期培训就能达到的，可以通过与有经验的老教师长期交流，为专家说课以及专家进行听评课、给予现场指导等方式，以老带新，促进新教师更好地融入旅游专业教学当中。

2. 在职培训

对于职业中期的教师来说，他们是旅游教学科研的中坚力量，他们充沛的精力，承担着繁重的教学和科研任务，也面临着更多的工作、生活的责任。很多教师在走过激情奋斗的职业初期，步入这一阶段后，会对自己的工作产生迷茫，失去了奋斗方向。只有帮助教师澄清学术职业的价值，平衡教师工作与家庭责任，才能使教师更有效地实现自己的目标。对于一些从历史、地理、外语等专业转行来的教师，虽然他们经过多年的努力和探索，提高了自己的专业知识和理论水平，并在专业方面取得了相当的成就，但由于受到时间、经历等因素的限制，缺乏正规、系统、全面的专业知识教育和训练。加之旅游服务类专业是充满生机活力的学科，随着时间的推移在旅游学科领域中产生许多新的问题和新的理论，对于这些教师来说，需要提供更多的培训机会让他们继续深造，增长见识，开拓视野，强化对学科整体知识的系统把握，掌握前沿动态，以提高自身的学术水平和实践能力。

（二）学术休假制度的创立

学术休假（Sabbatical Leave）制度是1880年由哈佛大学首创的。学术休假是指大学教师在大学工作到一定年限后，可以暂时离开教学或与大学经营相关的工作，并获得一定假期，在休假期间到国内外其他机构从事研究或者学术交流，以此来提高自身学术水平的一种制度。它源于19世纪末美国研究型大学的崛起及其对教师国际化的需求，后经实践证实其在提升教师教学水平，促进科研创新能力，提振教师队伍士气，缓解教师职业倦怠等方面具有明显功效。学术休假制度为教师从事科研提供了时间保障。德国的教师每四年会有一学期的研究假。在研究假期间，他们往往到其他院校或社会的科研机构进行科研交流活动，从而更新知识、开阔视野。

对于中职旅游服务类专业教师来说，学术休假制度的启动，将促进教师提高自身层次，进一步加强科研与教学能力，充分调动教师的科研积极性，使长期在教学一线工作的教学人员有集中的时间进入高校相关专业进修，从事学术研究和教学研究，开展学术科研交流活动，完成高质量的科研成果和研发项目，为形成结构合理的教师学术梯队提供重要的制度保障。

（三）旅游教学联合体的构建

旅游行业服务部门和中等职业学校旅游专业行政管理部门，拥有在一定区域内的协调组织作用和丰富的教育资源优势，可以为教师的发展提供更广阔的交流空间和合作空间。教师的发展不单纯局限于学校内部，而应面对更广阔的空间，加强校际的合作和交流，整合教师教育资源，可以有效弥补以校为单位进行的教师培训的不足，实现区域内教师共同发展的策略。

旅游专业教学联合体的构建可以充分发挥各成员学校的特长和专业优势，例如位于大连的东北财经大学、辽宁师范大学、大连大学、大连外国语学院、大连民族学院等学校都拥有旅游服务专业，以这五所院校为基础构建"旅游教师发展联合体"，可以共同制订联合活动方案，明确活动目标、内容和形式。在共同方案的指导下，各成员学校定期开展互动联谊、共同培训，组织教师进行互访，开展沙龙式的交流。在日常教学过程中，联合体内任何一个成员学校开展的大型教研活动、培训活动，都可以邀请其他成员学校参加。对个体学校来讲，教师发展联合体具有极强的互补性和共享性。地理位置相近的中职，也可以探索成立旅游服务类专业教师发展联合体，以求协同发展。中职学校可以尝试建立类似的教学联合体，或者先积极参加高校旅游教师发展联合体的相关活动，再探索中职旅游专业联合体的构建。

建立课题研究联合攻关制度。提升教师的科研能力和水平，是促进教师职业发展的重要内容，对此，开展科研课题研究就成为"教师发展联合体"的有机组成部分。以学校为单位开展的课题研究往往受到许多因素的制约，如学校科研经验、师资实力和科研资源的制约等，很难实现成果上的突破和教师科研能力的提高，而将各个学校的优势科研力量进行组合，选择一些带有普遍性、前瞻性、实用性的课题组成一个攻关群体可以有效避免这个问题。在课题研究中，各参与研究的学校充分发挥自身优势，从不同的层面和视角对课题进行联合研究。在研究过程中，各实验学校之间经常性地组织实验教师开展互访学习活动，定期开展课题研究交流研讨现场会，以达到成果共享、问题共勉的效果。课题研究联合攻关制度的实施，能有效地整合团体智慧，缩短研究周期，减少重复性劳动，促进教师科研水平的提高，提升课题研究的效率。

（四）旅游教师网络信息平台的创建

随着信息技术的发展，网络信息在教育中发挥着越来越重要的作用。教师的职业发展也应顺应这一历史潮流。目前，全国范围内仅有一个针对旅游教师的网络平台，供专业教师查找所需要的教学资料、科研信息和学术动态，但无论是网站规模还是信息的更新都很有限。为此，旅游服务部门应着手利用数字化系统开发支持教师专业发展的网络平台，为教师创建一个提高专业发展的空间。这个平台可由不同的模块组成，包括旅游理论探讨、教学经验交流、旅游教学案例、文学艺术欣赏、传统历史文化、科研信息等项目，使教师能够不受时空限制进入教师学习的共同体，了解旅游发展态势，关注本学科研究前沿动态，探讨教学发展规律。

（五）学科梯队的组建

科研成果是旅游服务类专业教师聘任考核的一项重要指标，也是教学质量的基本保证。随着旅游中职学校数量的不断增加及招生规模的不断扩大，旅游服务专业教师的工作量也越来越大，许多教师整天疲于教学，很难静下心来进行系统的教学研究和深入的学术研究。久而久之，教学和科研水平都会受到很大的影响，这也成为旅游服务类专业教学质量下滑的一个重要因素。

成立教学科研梯队，将专业相同或相近的教师组织起来，由高学历、高职称教师牵头，共同确定一个学科方向，梯队中的每一个成员，在从事教学科研工作时都要围绕着自己所在的学科领域进行。这样，在申请项目和成果申报时可以形成合力，而学校在晋级评审或进行科研奖励的时候，也根据教师的研究方向予以确定。这样就保证了教师在科学研究中的"钻而精"，提高了科研的层次和深度，防止在科研上的"单兵作战"以及泛泛的研究导致的"杂而浅"。梯队的组建也为教师提供互相学习的机会，在教师备课过程中，可以由几名教师共讲几门课程，培养教师的团队合作意识，大家取长补短共同提高，这也是教师职业提升中的必要环节。

（六）合理考评体系的改建

以公正、公平、公开为教师考评的基本原则，以营造有利于旅游服务类专业教师发展的环境为根本目标，建立系统化、程序化、综合化的综合评估机制，从根本上提高教师的教学积极性和创造性。在此机制下，教师的科研成果、教学质量（与学生的培养质量挂钩而不是与某门课程的卷面考试成绩挂钩）及与业界的互动都应纳入考核指标中，并相应加大对教学质量的权重，充分肯定教师的教学水平，使教师的职业评价立足于教学、科研和实践能力三重指标基础之上；同时，将学生对教师所教课程的反馈调查结果也纳入考核指标，摆脱以往"重科研，轻教学和实践"的状况。学校也可以根据教师的实际情况进行相应的奖励，例如对潜心科研的教师提供科研奖励，而对实践技能比较突出的教学型教师提供教学奖励。

（七）有效激励机制的筹建

为了吸引旅游服务类专业教师参与实践、学术交流以及培训、创新等活动，学校应采取一系列激励措施，激发教师的参与热情。首先，在学术环境方面，为教师提供藏书丰富的图书馆、设备优良的实验室以及各种参加学术交流的机会，这种交流不仅仅限于国内，可以延伸到国外，同旅游发达国家的中等职业学校进行联合，充分汲取国外的先进理念和科研成果，将其转化为自身的教学与科研能力。其次，将教师培训与教师工资、晋级、晋职相联系，并为教师提供经费上的大力支持。根据需要和计划参与学习和培训的教师，学习及差旅费由学校来支付，工资、津贴、福利和住房等待遇原则上不受影响，培训期间已符合条件的，其任职资格评审不受影响。最后，对于外出参加培训半年以上的教师，可根据各地不同物价水平和教师的实际困难，由学校给予一定的生活补贴。另外，对于积极开展科研和创造性教学的教师，除了鼓励教师创造潜能的发挥，允许他们在教学上进行改革尝试，还要进行大力宣传和表彰，并对其科研和教学成果进行重奖。在建立各种有效激励机制的前提下，还应改善教学工作条件，健全教师的保障机制，让广大旅游专业教师能够参与学校的服务，调动教师的工作积极性，使教师真正成为学校的主人。与此同时，还应重视培训考核的机制的建立，健全各项考核指标体系，严格考核，做到奖优罚劣，并与教师评估、晋职、晋级等联系起来，为提高教师的发展提供切实有效的保障。

第四章
中职旅游服务类教师工作的方式方法

"以人为本"的教育思想具有其深刻的思想内涵和历史渊源。长期以来，我国教育受"以知识为本"观念的影响，造成诸多弊端。当前应树立"以人为本"的教育观，这既体现了教育的本真，也是对现实的积极回应。教育要"以人为本"，树立"以人为本"的教育思想，才能更好地张扬人的个性，对于激发人的主观能动性、培养具有主体性的高素质人才具有重要意义。

第一节 树立"以人为本"的发展观

教育是育人为本的事业，《国家中长期教育改革和发展规划纲要（2010—2020年）》中明确提出：坚持以人为本，推进素质教育是教育改革发展的战略主题，是贯彻党的教育方针的时代要求，核心是解决好培养什么人、怎样培养人，重点是面向全体学生、促进学生的全面发展。随着职业教育新课程改革的进一步深入，现代教师只有提高自身的专业水平，才能适应21世纪教育改革发展的需要，才能适应社会的发展。

一、"以人为本"的科学内涵

人的发展与社会的发展从整体上来看是一致的，即人的发展是社会发展的产物，而社会发展也是人的发展的产物。促使二者产生辩证关系的媒介就是人的社会实践，因为人的需要是在社会实践中得到满足和发展的。马克思的历史唯物主义和辩证唯物主义认为：人的发展既决定于又决定着社会的发展；人既被环境创造，又创造环境；人既是历史的产物，又是历史的主体，即"人既是历史的创作者，又是历史的剧中人"。离开了人的发展，社会便无从发展，一切发展都是以人的发展为目的的，人是社会的主体，也是推动社会进步的动力，因此"以人为本"科学内涵包括以下几方面：①它是一种对人在社会发展中的主体作用和地位的肯定。既强调人在社会发展中的主体地位，又强调人在社会发展中的目的地位。②它是一种价值取向，强调尊重人、解放人、依靠人、关心人和塑造人。因为每个人都是有丰富个性的完整的人，具备一定的智能力量和人格力量，都有自身的独特性，人与人之间存在着差异，是具有独立意义的人，因此，要尊重人的社会价值和个性价值，尊重人性发展的要求，不断冲破一切束缚人的潜能和能力的体制和机制，充分发挥能促进和调动人的积极性、创造性和主动性的体制和机制，把人塑造成责权利的主体。③它是一种思维方式，人们在分析、思考和解决一切问题时，既要坚持运用历史的尺度，也要确立并运用人的尺度，要关注人的生活世界，关注人的生命存在及其发展的整体关怀，关注人的共性、普遍性和个性。毋庸置疑，世间万物，人是最宝贵的，人是社会的唯一主体，是最应当被尊重、爱护的。"以人为本"目的就是要尊重人们之间的共同性和个体的差异性，一切从人的需要出发，以人的利益为目标和归宿，实现人的全面而自由的发展，这既是马克思主义唯物史观的基本要求，同时也是建设社会主义新型社会的本质要求。坚持"以人为本"，树立全面、协调、可持续的科学发展观，是全面推进中国特色社会主义事业的现实需要，社会的发展是围绕着人的发展展开的，社会的发展最终是促进人的发展。教育事业的发展是着眼于人的全面发展和社会的和谐发展。作为教师，我们应坚持"以人为本"的发展观，做人民满意的教师。

小资料　我国最先提出"以人为本"的人

在我国古书中最早明确提出"以人为本"的是春秋时期齐国名相管仲（前725—前645）。管仲是辅佐齐桓公九合诸侯、一匡天下的杰出政治家、思想家。在西汉刘向编成、汇辑管仲众多思想观点的《管子》一书的"霸言"

篇中，记述了管仲对齐桓公陈述霸王之业的言论。其中有一段这样说："夫霸王之所始也，以人为本。本理则国固，本乱则国危。"意为霸王的事业之所以有良好的开端，也是以人民为根本的；这个本理顺了国家才能巩固，这个本搞乱了国家势必危亡。管仲所说的以人为本，就是以人民为本。在我国古文献中，"人"与"民"二字经常连用，合成为一个词组。

二、教师专业发展需要"以人为本"的科学发展观作指导

1994年我国实施的《中华人民共和国教师法》规定："教师是履行教育教学职责的专业人员。"作为专业人员的教师，仅有学科知识是不够的，还需要具备教育学科的知识，亦即教师不仅要具有任教学科的学术水平，而且也要具有教育学科的专业素养。未来的教师行业将是高学历水平人才会聚的行业，教师专业也是一个专业素养要求极高的专业。我国提出基础教育要向全面实施素质教育转轨，这对教师提出了新的更高的要求。根据马斯洛的需要层次理论，人的需要可分成五个层次：生理需要、安全需要、爱与归属需要、自尊的需要与自我实现的需要，发展是人的高层次追求。教师的专业发展就是教师获得自尊和自我价值得以实现的需要，也就是教师较高层次的需要。如何促进教师的专业发展？北京师范大学褚宏启教授说："教师的专业发展是指教师的内在专业结构不断更新、演进和丰富的过程。而内在专业结构指教师的专业精神、专业知识、专业能力、专业伦理、自我专业意识等。"由此可见，①教师的专业发展是一个持续不断的过程。教师专业发展具有累积和连续的特性，具有不可替代的独立特征。②教师的态度、价值、信念、知识技能和行为表现需要不断调整，才能接受各种挑战考验，才能在发展过程中保持活力。③教师的专业发展需要良好的环境和条件，需要政策、评价方面等的专业支持。观念是行动的先导，没有正确的教育理念，就没有先进的教育行动。对现代学校教育而言，学校教育或管理的对象是人（教师、学生），为了每一

个人的发展的核心理念,在学校教育或管理中应坚持"以人为本"的教育思想和管理思想。在教育或管理中要从人的需要出发,注意符合和满足人的个性发展需要,以人的发展为本位,以激励为核心,构建"以人为本"的人性理念,从而激发调动人的积极性和创造性。新课程为教师专业发展提供必备的条件和环境。新课程的成功要靠教师的专业发展去实现,教师的专业发展目的在于促进学生的发展。尽管教育事业的发展离不开各种教育资源的优化组合和最佳配置,但是,最重要的教育资源永远是人的资源、人才资源。能否拥有一支高素质、高水平、相对稳定的教师和教育工作者队伍,始终是教育成败的关键。

三、"以人为本"对中职教师职业发展的意义及内容

把"以人为本"作为教育工作的根本要求,以学生为主体,以教师为主导,充分发挥学生的主动性,把促进学生成长成才作为工作的出发点和落脚点。这一理念应贯彻在促进教师专业发展的整个过程中,重视教师主题教育,让教师感到自己是教育改革和发展的主体,站在可持续发展角度,审视自己。对自身的角色重新定位,认识到教师的职业是塑造人的职业,教师永远是学生人格、学业发展的引路人、指导者,具有较强的专业自主性,教师要以学生发展作为自己的职业理论,树立以学生发展为宗旨的教育理论,不断调整自己的思想观念和价值取向,进行教学方法和手段的改革。

(一)"以人为本",促进教师道德素质提高

"以人为本"是教育的基本理念。教育活动中的人包括教师和学生,因此,教育的"以人为本"包括两层含义:一是以学生——受教育的人为本;二是以教师——教育人的人为本。前者是教师道德的出发点,也是评价师德建设是否成功的根本依据;后者是师德建设的落脚点,也是师德建设的根本动力。因此,这两个方面的问题是师德建设的基本问题,也是核心问题。

1. 以学生为本,教师道德的出发点

教师职业从性质上说是一种专业工作,教师的劳动是一种特殊的精神劳

动。《面向二十一世纪教育振兴行动计划》指出，要大力提高教师队伍的整体素质，特别要加强师德建设。高尚的思想道德素质，是教师最基本的素质。教师道德的基本原则，是教书育人；教书是教师的基本职责，教书的目的在育人。学高为师，教师要有渊博的专业知识和丰富的人文科学或自然科学知识；身正为范，教师要有很高的品行修养，以身立范。从事教师职业的人，要有奉献的精神，要有以促进人类文明为己任的社会理想，要有追求知识、崇尚科学的价值取向，要有严谨、求实、刻苦、勤奋的科学态度，要有热情、开朗、和谐、宽容的性格。更为关键的是，教师要有一种时时处处以学生为本的情怀和气度，一切教育的出发点和归宿都是学生，因此，尊重学生，以学生为本，是教师道德的出发点，也是评价师德建设是否成功的根本依据。为此，应从如下两方面入手：

（1）尊重学生的现状

教育要以学生为本，但这里的学生不是抽象的学生，不是想象或希望的非常听话的乖巧学生，而是一个个具体的可能并不十分可爱而且经常会犯错误的学生，尤其是中职学校的学生，听话乖巧的寥寥无几。了解学生、接受学生、尊重学生的现状是教师道德的出发点。

尊重学生的现状要求教师平等地对待每一个学生，对不同相貌、不同性别、不同民族、不同智力、不同个性的学生要一视同仁，要做到不偏心、不偏爱、不偏袒、更不歧视身心有缺陷的学生或后进学生。为了每一个学生，就要尊重、理解、宽容每一个学生，但说起来容易做起来并不简单，职校里曾有这样的一件事情：旅游班有一位学习不错可能考上本科的同学不幸患了白血病，因为他还是个孩子而病魔有可能会夺去他的生命，因此大家都很同情他，为他惋惜。可有人说这样一个品学兼优的好学生患上这样的病太可惜了。那么如果是一个成绩比较差或者各方面表现比较差的学生患了这样的病是不是就活该呢？当然不会有人这样认为，但是这种说法也反映了许多教师脑海里的一种根深蒂固的不平等观念。尊重学生就要尊重学生的人格，在任何情况下，都不能用粗俗、刻薄的语言讽刺、挖苦、嘲笑和打击学生，尤其是体罚或变相体罚学生。纠正孩子们的错误是老师的责任，而随意辱骂、讽刺学生不是老师的权利。要尊重学生的人格、个性和差异，甚至要尊重学生的无知和犯错误的权利。作为老师，应该用孩子的优点来改造他们的缺点，以宽容的态度来包容学生、尊重学生。

📖 小案例　　　　　要尊重学生个性差异

从我教旅游专业的餐饮课以来，有一个问题一直困扰着我，就是课堂上我提的问题，甚至让学生读定义，没有几个举手的。课堂气氛沉闷，令人头痛。尽管我课前准备得充分，问题设计得也比较好，但回答问题的学生却寥寥无几。多数同学无动于衷，仿佛上课与他无关，只有被叫起来才会回答问题。

那天，我上餐饮课，我请同学回答上次课程的几个问题，有四名同学举手，我说："冯雪，你说。"她大大方方地读起来。等她坐下后，我说："谁还会回答？"这一次，连一个举手的也没有了。我觉得奇怪又好尴尬：刚才还有几个举手的，怎么了？就随便叫几个同学回答问题。等到讲完本节课主要内容的时候，也只有冯雪同学一个人发言率最高。下课了，我走到开始举手想回答问题后来又不举手的两个同学面前，与他们聊了起来。不一会儿就聊到举手的事情上去了。"你们开始举手要回答问题，后来为什么不举了？"一个同学说："老师，您每堂课提问，总是先叫冯雪，我们和她一同举手，您还是先叫她的时候多，我们是无名小卒子，答问题也赶不上冯雪答得好，就不答了。"我恍然大悟。原来同学们有怨言啊。是啊，课堂上，我叫冯雪答题已成了习惯。她的学习功底相当好。回答问题准确严密、简洁利落、声音洪亮，课堂教学能顺利完成，尽管课堂气氛不热烈。而有些同学读一个定义都是慢慢腾腾，吞吞吐吐，还经常读错字。很是耽误时间。回答问题呢，又抓不到要点，啰啰唆唆。于是我就习惯叫冯雪答问题了。现在我才意识到，我这样做挫伤了广大同学的学习积极性，是完全错误的了。我惭愧地对同学们说："你们说得对！我太重视冯雪啦，而忽略了其他同学，打击了你们学习积极性。真是我的不对。以后上课我会改正我的不足之处的。"两位同学露出灿烂的笑容。

从这以后再上餐饮课，我的课堂再也不是死水一潭了，课堂气氛活跃，上得生动活泼：或讨论，或抢答，大家畅所欲言，各抒己见。班级的成绩也有了明显提高。

是的，我们要尊重学生的个性差异。

（2）尊重学生的发展

学生是具有发展意义的人，学校教育要着眼于学生的发展，以发展的眼光看待学生，并努力发现和实现学生的发展。尊重学生的现状是为了针对学生情况进行有的放矢的教育，要尊重学生的现状，但又不能停留于现状。教育的根本目的是使学生的潜能得到最大限度地开发，整体素质得到全面的提高，个性得到充分的发展，为他们今后适应社会发展需要和个人终身发展奠定坚实的基础。教师要用发展的眼光看待学生，不仅要看到他们的今天，更要看到他们的明天，不仅要对学生的今天负责，更要对学生的明天负责。尊重学生的发展，是教师道德的核心内容。

尊重学生的发展，教师就要确立这样的观念：每个人都有要求进步的愿望，都有丰富的潜能，都有自己的智能优势。通过良好的训练，每个学生都能成才、成功。自古以来"三百六十行，行行出状元"，只有平庸的人，没有平庸的职业。社会对人才的需求是多方面的，把所有的学生都锻造成一个模式，是不现实的，也是不科学的。现实生活中，有的孩子偏爱文学，有的则偏爱数学；有的偏重理论方面的，有的则偏重操作方面。教师要善于发现孩子的潜能。事实已经证明，一个人成功的最佳目标不是最有价值的那个，而是最有可能实现的那个。因为，脱离了实际，目标定得再宏伟、再远大，实现不了也是空话。

尊重学生的发展，教师就要为每一个学生的成长提供机会。要从对学生的自我意识、学习风格、智力、能力等个性因素的分析入手，采取多种策略指导教育学生，促进学生的发展。学生的潜能就像有待挖掘的宝藏，只要教师充分提供表现、思考、研究、创造的时间、空间和机会，给学生自主选择的权利，正确对待每个学生的发展潜能，他们人人都能成才。教师绝不能以"为了学生"为借口而随意否定学生，剥夺学生的自由，窒息学生的发展。中职学校的学生发展的空间往往是大于普校学生的，他们的思想、潜能是猜测不到的。

2.以教师为本,师德建设的落脚点

曾经有学生问老师:"我为什么要做好学生?做好学生对我有什么好处?"是否也有教师会这么想:"我为什么要做好教师?做好教师对我有什么好处?"面对这样的问题,可以说这位学生和这位教师不高尚,也可以批评今天的学校德育和师德建设不成功。可是,除了批评,是否还应该思考更深层次的问题?德育工作和师德建设究竟怎么了?

对于德育工作,近年来已经有越来越多的人开始了反思,除了德育的社会功能,又提出了德育的个体享用功能,即德育不仅是为社会、为他人的,德育也是为个人的,由此提出了回归生活、回归学生的德育理念,并得到许多有识之士的认同。但是,对于师德建设的反思却微乎其微。

对于师德建设的重要性一般是这样认为的,即师德建设是实施科教兴国战略的需要,是教育事业发展的需要,也是学生健康成长的需要。表现在师德建设的实践中,就是更多地研究和关注教师对民族、对国家、对职业、对学生、对学校等外部世界所应具有的职业态度、职业情感、职业良心、职业责任、职业义务等,而较少研究和关注教师个体内心世界产生冲突失衡时所应采取的态度和行为准则,似乎师德只是约束教师行为、督促教师自觉为国家、民族、社会、学生的利益而尽职尽责的外在手段,忽略了师德对教师个体履行教师义务,承担教师责任,获得幸福人生的意义和价值。教师自身也很难发现师德除了对事业、对学校、对学生的意义外对自己有何意义。因此,师德规范对许多教师都只是一种外在的要求和压力,这就使师德建设流于形式,难以取得良好的效果。近年来,由于强调以学生为本、尊重学生,对教师的要求越来越高,甚至到了近乎苛刻的地步,许多教师都发出"现在当教师太累"的感慨。

学生是教育的对象,教育事业是面向未来的事业,是为了学生的教育活动,要以学生——受教育的人为本,这是无可厚非的;教育事业又是一项由特定的人——教师,成为师德建设的落脚点。为此,可从如下两个方面入手:

(1)关心教师,重视教师的职业需要

教师的人生体现在教育事业中,融合在自己培养的学生中。对于教师的劳动,社会应当给予更多的理解和支持,尊重教师的劳动、保护教师的荣誉,

要营造良好的精神氛围，切实做到尊师重教，树立教师的职业威望，提高教师的社会地位，增强教师职业的吸引力，使教师职业真正成为神圣的职业。同时要深化教育改革，优化评价体系，把教师从面对素质较低的学生的强大心理压力中解放出来，使教师成为具有自主性的教育者和研究者，充分实现自身价值。

（2）要让教师充分认识师德建设对教师个人生活的意义和价值

德育是对学生的道德教育，师德教育是对教师的道德教育。当强调德育的个体功能，即德育是为人的幸福生活而存在时，同样应该考虑师德的个体功能，即师德对教师个人生活的意义和价值。要让教师明确，师德是把社会对教师角色的规范具体到教师个人身上。这种社会规范不只是为了社会，为了学生的利益，也同样是为了教师的生存和发展。教师之所以要加强师德修养，既是对社会负责、对学生负责，更是为了自己的幸福生活，即对自己负责。道德自产生之日起，其最根本的目的就是要求个人把自己的生存、发展和完善的需要，汇入社会大多数成员共同的生存、发展和完善的大需要系统中去。个人的一切符合群体共同意愿的行为都既是为他人的，也是为自己的，既是为了群体或他人的生存、发展与完善，也是为自己的生存、发展与完善。从这个意义上讲，无论是一般的道德，还是师德都应该是为了人的生活而存在的。个人无论是接受还是践行道德，都是为了自己的生活。个人之所以有某种道德信念，之所以能主动践行某一道德要求，从根本上说就是因为他们真心相信只有这样才能够使自己获得更好的生存、发展和完善的机会。教师同样如此。只有让教师认识到师德与其个人生活的关系，认识到师德建设既是为了社会、学校、学生集体的利益，同样也是为了教师个人的利益，师德建设才能取得实效。尊重教师，以教师为本，应该成为师德建设的落脚点。只有让教师发现师德的生命意义和生活价值，发现师德不仅约束着教师的生活，更是为了让教师工作生活得更美好，师德建设才能获得不竭的动力，才能获得真正的成功。

3. 道德素质对中职旅游教师专业发展的重要性

旅游业是一个服务行业，其行业的特殊性要求从业人员具有良好的职业道德。这种道德的熏陶不是一蹴而就的，而是在教育中一点一滴积累起来的。

作为旅游服务类专业教师来说，除了要具备一般教育工作者应具备的良好道德品质，还要具有旅游服务类专业特有的职业素养和职业意识，并在学生面前起到示范和表率的作用。由于旅游服务类专业的学生无论是在专业实习还是今后工作中，都处于对客服务的最前沿，为此，让学生树立起良好的服务意识、热情的服务态度、吃苦耐劳的奉献精神和诚实善良的道德品质，就显得尤为必要。同时，教师的职业道德树立必须先行于学生，作为旅游专业教师必须严于律己，以身作则，为学生做出表率。这样才能以自身的形象强化对学生的教育，对学生专业素质培养起到潜移默化的影响作用。所以，拥有良好的职业道德是教师职业能力的重要体现。

（二）以人为本，促进教学方法和手段的改革

目前我国中职教育处于一个变革的高峰期，从教学理念，到教学方法、手段都处于不断革新之中。然而，改革的效果却不尽如人意。许多教学改革仅仅只是变革教学手段和方式，不能激发学生的学习兴趣，达不到理想的教学效果。究其原因，主要是因为没有革新教学理念。作为现代中职教育的参与者，教育对象已经是2000后出生成长起来的一批年轻人，他们在成长过程中接收到更广泛的信息和更平等开放的教育，对教育者的专业素质、道德素质和组织教学的能力都提出了更高的要求，因此，教师应贯彻以人为本的教育理念来指导教学方法和手段的改革，以促进教学效果的改善。

1. 树立以人为本教育理念的必然性

"人本"就是在自然、社会与人的关系上，人是本体，人是主体，人是目的，人是标准，人高于自然和社会，一切为了人的生存、发展和完善。以人为本的基本内涵是："人类社会的任何活动都要以满足人的生存和发展为目的，它强调人是自然、社会、自身的主体；人是价值形态中的最高主体。"以人为本观念是自文艺复兴运动的兴起而出现的，但真正从哲学上把从抽象的"人"的关注转移到对个体生命价值的"人"的关注经历了漫长的过程。只有马克思主义产生以后，以人为本才得到了真正的科学说明，并广泛地渗透到政治、经济、教育等领域，"人"的主体地位也不断得到提升。随着科技的发展和人性的觉醒，以人为本的教育成为必然。

在过去很多年的传统教学理念中，总是把知识作为终极目的，学生是知识的附庸，被看成被塑造、被加工、被施加影响的对象，这与以人为本的教育的人文精神是完全相悖的。这种主客体关系的混淆，很大程度上影响了教学的效果，使教学远离人的本性而"成为程序化、机械化地加工和复制人的生产活动"。现实世界是人类活动的结果，是人的本质力量的内化。学生与知识也是如此，知识在学生的作用下才能发挥作用。杜威指出："教育并不是一件'告诉'和被告知的事情，而是一个主动和建设性的过程。这个原理几乎在理论上无人不承认，而在实践中又无人不违反。"可见，抛弃学生的主体性原则，学生就不能真正地深入理解和运用知识。因而，要注重学生的主体性，尊重每一个学生。这就要求教师应该在课内外体现出与时俱进的教学思想，把上课看作与人的交往，而不单纯是劳作；是艺术创造，而不仅仅是教授；是生命活动和自我实现的方式，而不是无谓的牺牲和时光的耗费；是自我发现和探索真理的过程，而不是简单地展示结论。只有坚持从学生的发展需要出发，立足学生实际情况，充分发挥学生的主体作用，通过转变观念，合理组织教学过程，进行师生关系、教学内容、教学方法等方面的改革与创新，才能实现以人为本的教学。

2. 以学生为主体是实现教育以人为本理念的前提

以学生为主体，首先必须建立良好的师生关系。尊重学生、关爱学生，这是建立融洽课堂氛围的前提，使课堂教学得以顺利展开。同时，以人为本教育理念坚持以学生为主体，培养学生独立思考、主动求知、积极探索等主体性人格。现在教学方法改革应摒弃传统的注入式教学，采用一种以学生为教学主体的模式，例如案例教学、启发式教学等，让学生学会自主学习。学生主动、积极地学习和掌握相关理论，整个教学过程中体现出学生主体性。

（1）以学生为主体，要求建立良好的师生关系

人本教育提倡教师应尊重与关爱学生。中职教育的学生群体是一批17岁左右的年轻人，他们年轻，有思想，有活力，同时充满叛逆，需要被尊重，渴望得到肯定。这时候，作为教师如果能做好和学生多交流和沟通，了解他们的思想波动，在生活上关心，在专业上帮助，课堂上给予尊重，并适当肯定学生，定能培养融洽的师生关系。任课教师平时应该注重与学生的沟通与

交流，与同学们打成一片，并鼓励学生参与课堂的积极性。实践证明，这样做不仅能活跃课堂气氛，激发学生对本门课程的学习兴趣，而且还能改善师生关系，形成尊师爱生的新型师生关系。

（2）以学生为主体，要求鼓励学生参与课堂

以人为本的教学过程中，学生是教育的主体。教师以学生为出发点和归宿，引导学生在教育活动中做到主动参与、全员参与和全程参与，学生参与的程度可以作为衡量课堂教学得失的重要标准。通过案例教学、启发式教学等不同方法，使学生由被动接受知识，变为接受知识与主动探索并举。例如旅游服务类相关课程的教学中，鼓励学生应用所学的基础理论知识和分析方法，对社会中的一些饭店、旅行社的案例，教师自身的旅行经历、学生的旅行经历进行理论联系实际的思考、分析和研究，引导学生对知识的广度和深度有新的开拓，通过巩固理论知识，阅读旅游资讯、调查导游一些不规范行为的原因和分析实操案例，进行一系列积极的创造性思维活动，充分体现学生在学习中的主体地位。

小案例

课前教师准备了一段微课。微课的内容是教师以列车广播员的身份，向大家播放一段广播，内容是对北京的简单介绍，是结合书中的知识点进行介绍的，相应的微课课件用录屏的方式制作。同时把微课传到了QQ群，并向学生布置任务，教师把学生分为三大组（教师准备用北京三日游的旅行方式讲解本节课），每组对应不同的北京景点，要求结合书中知识和查找的资料制作一份相应景点的导游词。上课后教师用回顾微课的方式导入本节课，同时也开始了北京三日游。之后的时间就全部交给学生了，学生小组讨论，研究出一份最完美的导游词，稍后为"游客"们讲解，五分钟的讨论后，依次请出小组代表进行导游讲解，并请其他小组的成员进行评

价。学生表现得特别好，讲解有导游的感觉，评价也能发现问题，还有相应的评价。学生的表现出乎教师的意料，没想到学生表现得如此出色。三位学生代表讲解后，请学生进行总结。这段是假设在旅行返程的路上进行的总结，找不同的学生谈谈本次旅行的收获，这也是对本节课知识点的一个总结。学生的回答完美。最后将一首2008年奥运会歌曲《北京欢迎你》送给学生，放松心情。本节课顺利结束了。平时上课总是教师在讲解，勾画知识点，留时间背诵，而这节课把主动权交给学生，本以为学生对知识点的掌握情况不是很好，课下教师要求学生填写了教学评价表，90%的学生都打的五颗星，下次课前进行听写，正确率也有了很大的提高。教师应该结合课程知识更多地转变教学模式，进行更加有效的课堂教学。

评价：这位教师的授课方式真正做到了以学生为主体，把80%的时间都交给了学生，让大部分的学生都参与到了课堂中，充分地体现出"以人为本"的教学理念。这堂课摒弃了传统教学方法，结合学生自身特点和专业需求进行了有效的教学手段和方法的改革。

（3）以学生为主体，要求激发学生个性的发挥

人的成长与发展具有差异性，但每个人都能基于自己本身的实际条件持续地向前发展。在教学过程中，教师面临着学生理解能力参差不齐，对课堂内容接受程度差异较大的问题。例如，教师为学生提供一个实际操作案例，从同一起点出发，学生会提出不同见解，有些学生会从书本中找出理论支持，而有些同学通过自身参与社会实践的经验来解决问题，甚至很多时候，学生分析案例所表现出的发散思维能力超乎教师的想象。为了解决问题，有时会有多种解决的方案，有时也可以从多种方案的比较鉴别中寻找出最为合适的答案。教师在教学过程中需要尊重每个学生的见解，以一种平等、博爱、宽容、友善、引导的心态来对待每个学生。一方面，要不断教育和调动学生自身的主体意识，激活他们的内驱力，调动每一个学生都能积极、主动地参与到整个案例教学活动中来，成为学习活动的主人。另一方面，要将学生视为具体的、鲜活的、有丰富个性的、不断发展的认知主体，公开地对学生们的好奇心和探究行为表示赞赏，允许学生按照他们自己的思路和步骤去寻找答案。教师绝不横加干涉或设

置条条框框加以约束，而是鼓励学生发表有个性的见解。学生在这种心理自由和安全的环境中，自然更努力去发表个人见解并理解和感受他人。

3. 开发潜能是实现教育以人为本理念的关键

以人为本作为一种教育的价值取向具有创造人的价值的意义。它以充分开发个体潜力为己任，以丰富知识的传授、完整与健全人格的培养为目的。教学的目的重在通过探讨解决问题的有效方法来启迪学生的智慧，开发个体潜能，帮助学生在观念的碰撞中厘清思绪、独立判断、做出自主的选择。

（1）教学应突出培养学生的复合能力

人具有多种能力，因个体差异，有些能力发展的空间很大，而有些则较小。只要得到开发，这些能力都能表现出来。知识与能力是互相促进、互相制约的关系，因此掌握知识的过程就是开发智力、培养能力的过程。无知者无能。能力作为一种实践的本领，应该在实践中得到培养和增长。能力总是在解决实际问题中发展起来的，教师改革教学方法就应该以解决问题为出发点和落脚点，例如设置有挑战性的问题情境，以实操能力为核心，围绕所要解决的问题，让学生通过一系列可行性答案的探讨，发展创新思维能力和驾驭复杂局面的能力。

（2）教学应激发学生的创新思维

创新思维常常是在问题解决过程中产生的。给学生以自主学习和合作学习的空间，是培养创造性思维的保证。在教学过程中，教师经常通过启发式提问，激发学生对问题的主动思考，直接地、间接地、连续地寻找各种解决问题的方案，全方位、多角度联想迁移式地思考问题。学生经常在打破常规中找到解决问题的办法，这正是创新思维的特点。学生从同一来源的材料中探求不同答案的思维过程和方法锻炼的就是求异思维。求异思维能力的培养可以打开学生的思路，提高语言表达能力，加深对所学知识的理解，达到培养学生创新思维能力的目的。同时，学生又会在大家讨论提供的不同意见和解决方案中加以分析、对比，找出它们的异同之处，可提高归纳总结能力，这又是求同思维的表现。

4. 回归社会生活是实现教育以人为本理念的最终目的

作为旅游服务类专业，直接指导学生日后的工作，所以必须引导学生从书本中走出来，进入社会这个真实的环境中。向社会生活的回归是当今教学改革与发展的主流，回归社会生活也是实现教育以人为本理念的最终目的。人们对知识的学习离不开社会生活，作为服务行业，相关联的课程应该从现实生活出发来进行学习研究。教育家陶行知先生说：没有生活做中心的教育是死教育。没有生活做中心的学校是死学校。没有生活做中心的书本是死书本。可见，教学与生活密不可分。教学源于生活，并以生活世界为依托；教学又高于生活，以超越现实生活，提高生活质量为旨归。教师赋予教学以"生活"的意义，把教学看作"生活"，并体验和创造生活。在这种教育理念的指导下，教师通过各种资源鼓励学生走出课堂，参与社会，例如，举行导游大赛、饭店操作技能大赛，进行与专业有关的暑期实践等活动。通过这样回归社会生活的实践活动，让学生们体会到理论联系实际做得不到位之处，总结出很多经验教训，对将来学生初入社会工作有很重大的意义。

综上所述，以人为本的教学理念是教师教育学教学方法改革的根源。在以人为本的理念指导下的教学方法能更加注重学生的主体性，发扬学生的个性，挖掘潜能，突出创新能力的培养，满足学生的需要，以达到真正的教学意义，才能进行有效的教学，实现真正的教学方法和手段的改革。

第二节 探索课程模式和教学方法改革

随着我国经济的飞速发展，社会对中职技术人才需求量逐年上升，中职教育受到社会各界的广泛重视。在这样的背景下，中职教育迫切需要与时俱进，不论是课程模式，还是教学方法都需要进行改革。

一、中职学校课程模式和教学方法改革现状

（一）中职学校课程模式和教学方法改革现状

在中等职业学校生源普遍紧张的情况下，中职学校办学特色的价值日益显现，许多学校深刻认识到品牌对于学校发展的重要意义。要形成品牌，就必须进行课程改革，建立富有特色的课程体系，这是办学成功的中等职业学

校的共识。另外，由于生源质量的下降，原有课程模式已到了无法实施的地步。教师们普遍感到，如果不对课程内容进行改革，他们的教学将事倍功半，学生学不好，教师缺乏成就感，长此下去，会严重影响职教师资的稳定，阻碍教师专业化的发展。所有这些，使中等职业学校普遍感觉到：中等职业教育课程改革势在必行。

（二）中职学校旅游专业课程模式和教学方法改革现状

我国旅游业的迅猛发展，带动了我国旅游教育的迅猛扩张。现阶段不少的职业学校都在发展旅游专业，我国目前正在积极进行旅游教育方面的改革，不断完善创新教育制度，谋求旅游教育行业得到进一步提升和发展。通过对我国中职旅游教育的调查研究发现，由于相当一部分旅游中职学校缺乏对旅游业人才需要特点进行全面深刻的分析，教学模式不科学，教师对教学方式和教学方法钻研不透彻，导致培养的大批学生与行业需要脱节，就业情况不理想，旅游行业不满意，相当一部分旅游专业的人才还流入了其他行业就业，就业完全不对口，学生与家长便会觉得在学校所学的知识毫无用武之地，造成了一定程度旅游教育的失败和严重浪费。目前旅游专业课堂教学模式的研究较少，虽然学校在逐步进行旅游专业课堂教学模式的改革，但由于改革的面不广，改革的力度不大，教学模式依旧呈现出单一的局面，造成学生的学习兴趣依然不高，对书本知识总感觉枯燥乏味；再加上学校校内实习设施设备不是很先进，实操条件使学生的潜能得不到充分的发挥，整体素质无法提高，更是影响了学生在旅游行业的发展，影响了旅游创新人才的培养。另一方面，我国正迎接着旅游时代的到来，我国旅游业需要一批用现代理念和最新技术所武装的服务人员尽快登上旅游业无限广阔的舞台，引领这一行业的理想走向和健康发展。这样的矛盾不得不让中职教师深思现在中职旅游专业教学模式存在的诸多问题。

二、影响中等职业学校推进课程模式和教学方法改革的因素

（一）学生因素

中等职校课程教学低效甚至无效的原因除了与中职生基础薄弱、学习习

惯不好、学习兴趣不高等客观因素有关，还与学生主观心理因素息息相关。畏学心理会产生习惯性厌学。习惯性厌学是指在没有充分了解学习个体的情况下，赋予过重的学业负担，个体因为无法承受压力而逃避，故而放弃学习的行为。中职学生也缺乏明确学习目标，而且干扰因素多，缺少学习兴趣，这些因素对课程模式和教学改革的实施造成了一定的负面影响。

（二）教师因素

无论是早期从普通中学转任的老教师，还是近几年从高等院校毕业参加工作的年轻教师，他们的语言表达、板书等方面的教学基本功普遍较扎实，但由于接受专业培训、同行之间的教研交流较少等原因，许多中职教师的教学方法、手段依然比较传统，教学中不能结合中职学生的实际学情，通过营造良好的学习环境与氛围，来培养学生的职业兴趣、学习兴趣和自信心；许多中职教师仍然习惯采用传统讲授法，而不善于运用讲练结合、工学结合等多种理论与实践相结合的方式方法，来有效实施教学，教学方法无新意。郑俊乾在《中等职业学校职业技能教学方法的研究》中指出：中等职业学校教师的教学方法十分有限，缺乏职教特点，最常用的仍为讲授法、练习法、讨论法，甚而至于有20.9%的教师一学期只用"讲授法"一种教学方式。郑俊乾的调查结果表明了目前中职学校教学低效的重要原因。即教师职业意识淡薄，对现代职业教育方法掌握不够。在职业教育改革的影响下，对于课堂教学，虽然许多中职学校在不断探索新课型，但受到传统教育模式的影响，在实际教学中，仍然讲授为主，"教师讲—学生听"的模式占主导。重死记硬背，轻方法理解；重理论讲授，轻实践操作；重共性，轻个性的特点仍然存在。在教学中，教师仍然占主导地位，学生处于附属的地位。各种新型学习方法在中职教学中没有被普遍采用，压抑了学生创造性的发展，使学生很难进行有效的"意义建构"，无法形成对学习的"元认知"。

（三）学校因素

目前我国一些中等职业学校的课程体系可谓高职院校的"压缩版"，并不符合"中等"和"职业"这两个特性，虽然增加了教学生产实践环节，但仅停留在表面的形式上。在教学设施设备上配备也不是很齐全,也没有配套相应的教学内容、方法及评价指标。在现有的中职学校中,由于受多种因素的制约,部分学校在课程设置、教学方法、实训手段等方面还是沿袭着老一套教育,中等职业层面体现得不够完善。没有统一的教学大纲,教学模式不适应学生需要,影响着课程模式和教学方法改革的进度。

(四)教材因素

教材是教师进行教育教学、学生进行学习的重要依据。可以说,教材也是影响课程模式和教学改革有效性的关键因素之一。然而,直至今日,中等职业学校的教材依然有着诸多不合时宜,专业教材与实际教学脱节:职业教育是以能力为本位,就业为导向,但在实际教学中,由于课时的限制和实际学情等原因,教师为任务而教学,也只能照本宣科,脱离了实际,忽略了学生能力、情商、素养的变化。这也造成了选用教材与实际脱节的局面,学生学习有效果,却没有效益,纯属浪费时间。事实上,目前多数中职学校为了省事,在所有课程设置上都采取统一的标准,一样的教材、一样的教学目标、一样的考核标准。这种方式虽然简化了教学工作,方便了对学生的考核,却不利于学生对知识的有效掌握,也影响着教师进行教学手段的改革。

三、推进中等职业学校课程模式和教学方法改革的途径

(一)推进中等职业学校课程模式和教学方法改革教师需具备的能力

1. 教学能力

中职教师既能从事教育教学活动,又能从事职业实践活动,并且能将职业知识、能力和态度整合于教育教学过程中。因此,中职教师必须具备深厚的行业及职业基本理论、基础知识和实践能力;具备把行业、职业知识及实践能力融合于教育教学过程的能力,即根据市场调查分析、行业分析、职业及职业岗位分析,调整和改进教学内容、教学方法、教学手段。

2.教育能力

教育能力是指教师除了帮助学生构建知识外,有目的地、有意识地、潜移默化地对学生个体和集体施加积极教育影响,使学生树立正确的世界观、人生观和价值观,形成良好的个性品质、健全的人格,帮助学生获得生存的能力。中职教师应该具备较强的教育能力。因为教育的宗旨是育人,中职学校的学生只有在教师的指导、影响下,在教师的这种能力的作用下才能和谐发展。教育能力是在教师专业化发展中体现教师的本质属性的关键能力之一。

3.实践操作能力

中职教师不仅要有丰富的专业理论知识,而且应有较强的操作技能,能上好理论实践一体化课程,能指导学生进行技能训练。实践技能是职校教育教学训练的重点,一个具有相应的理论基础又有一定实践操作能力的教师,一定会比一个只懂书本知识的教师更具有创新能力、适应能力,更受学生的欢迎。

4.学习能力

学习能力是指教师吸收新的知识、获取新的信息,不断更新和构建自己的专业理论知识和专业技能的能力,也包括有意识地学习相关专业知识和技能的能力。社会在不断进步和发展,中职学校培养的学生的就业行业在日新月异地变化和发展,新的技术和理论不断被应用,教师在备课时应该把所教的学科知识与相关科学技术发展前沿结合在一起,给学生一种全新的视角。教师头脑中的知识及他们教学过程中需要向学生传授的专业技能不可能是一成不变的,需要教师通过实践学习,不断地反思,逐渐地丰富完善。

5.创新能力和适应能力

科技迅猛发展,导致行业日新月异,这必然要求中职教师善于接受新信息、新知识、新观念,分析新情况、新现象,解决新问题,不断更新自身的知识体系和能力结构,以适应外界环境变化和主体发展的需求。另外,以市场需求为导向是职业教育课程开发的原则之一,这意味着职业学校的课程设置是根据市场需求这根"指挥棒"进行优化配置。由于经济形势的变化,很多新兴的行业出现,需要大量的人才,学校要开设相应的课程,需要配备师资。教师必须进行再学习以适应需求的增长。

6.社会交往和组织协调能力

中职教师既要在校园内交往与协调，又要在企业、行业与从业人员交流沟通，还要组织学生开展社会调查、社会实践，指导学生参与各种社会活动、实习。中职教师的接触面广，活动范围大，其社会交往和组织协调能力就显得尤为重要。

（二）推进中等职业学校课程模式和教学方法改革的途径

1.要重视教学内容和课程体系改革

要求学校准确定位课程在人才培养过程中的地位和作用。课程的教学内容要先进，要及时反映本学科领域的最新科技成果和企业的职业岗位需求。

2.要注重使用先进的教学方法和手段

要求教师合理运用现代信息技术等手段，改革传统的教学思想观念、教学方法、教学手段和教学管理，实现优质教学资源共享。

3.要重视教材建设

要求学校的课程教材应是系列化的优秀教材，鼓励教师自行编写、建设一体化设计、多种媒体有机结合的立体化教材。

4.要理论教学与实践教学并重

要教师高度重视理实一体化的实训基地建设，通过实践培养和提高学生的创新能力。

5.要注重相应设备的配备

在进行课程模式和教学方法改革时需要在相应设施设备的帮助下进行。在学生想操作，老师想改革，而设备不给力的情况下，如何将此事进行呢？所以说学校在硬件方面一定要给予保障。

6.制定科学性的中等职业教育课程模式和教学方法改革的政策

在制定或执行重大的改革措施或者政策的时候，科学性是其中最为关键的一个原则。如果政策中所规定的相关内容出现不连贯、不具体、不全面等情况，就意味着政策缺乏科学性。这些不足都会直接影响实施改革措施与课程政策。

（三）推进中等职业学校旅游专业课程模式和教学方法改革的途径

1. 中职旅游专业课教师应具备完整的知识结构

中职旅游专业教师要充分掌握旅游学科方面的知识，保证教师在教学中能够全面为学生阐述相关知识，并且教师应具备灵活融汇知识的能力，通过结合课程内容和自己的理解引导学生进行更有效的学习。中职旅游专业主要的专业课程包括导游基础知识、导游业务、旅游概论（旅游综合知识、旅游地理、旅游心理、旅游政策与法规、民族与民俗）、餐饮服务与管理、前厅服务与管理等，教师在教学中应结合市场的发展情况来为学生讲解相应的专业知识，使其能够充分了解学科的内容。如在讲解旅游概论时，教师应做好充足的准备，安排好教学内容，让学生能够清晰明确地了解到旅游业发展的历史，以及各个阶段的背景。在讲解导游业务时，教师应让学生明白带团程序和业务的流程，熟悉旅游业的服务形式。在讲解前厅服务与管理时，教师应让学生明白如何接待游客，做到熟练掌握前厅的接待程序和标准，让学生能够独立提供高标准的服务。同时教师应具备良好的基础学科知识结构，实现教学的文化功能。教师应不断开阔眼界，学习广博的文化知识。在学校，知识渊博的教师能够让学生了解更多的知识，扩展学生的精神世界，提高学生的学习兴趣，更受学生的喜爱和信赖，并且基础学科知识能够对专业知识进行补充和延伸，在教学中发挥着重要的作用。随着信息技术的发展，教师在教学中应充分利用信息资源为学生带来新的知识，做到以交叉学科知识为延伸，让学生掌握更全面的知识。中职学生具有较强的探究性，教师必须不断丰富自身知识，掌握更多的交叉学科知识，以便于为学生创设出更好的探究情境。教师除了要掌握相关的专业知识与技能，还应掌握教育学、美学、心理学、信息技术等多方面的知识，并通过相应的加工，让学生能够更有效地加以理解。

2. 教师应不断提高自身的实践能力

中职教育对学生实践技能的培养要求较高，因此教师除了要具备完善的理论知识，还应具备熟练的实践技能，保证在教学中能够做到准确的指导和教学。学校应组织相关活动对教师的实践能力进行培训。其中组织教师到企业挂职锻炼是提高教师实践能力的重要手段。旅游专业中的很多课程都需要对学生的操作技能进行培养，教师只有通过实际的锻炼才能完善自身的知识结构，并为教学积累实践经验。为了提高教师到企业挂职的实效，学校应采取相应的措施来完善这一培训活动。对教师和挂职所在的企业联合申报的项目，学校应给予经费的支持；对于能够在挂职锻炼中提高自身能力、学以致用、促进中职教学教材改革的教师，应给予额外的奖励。

3.教师应实时了解旅游行业动态

中职学校的培养目标是保证学生在学习后具有相应的就业能力和创业能力，具有坚实的理论基础和实践能力，成为专业技能型人才，毕业后能够直接投入相应的工作岗位中；同时面对社会技术发展能够做出快速的判断，具备学习新知识、新技术的能力；还在于培养学生的自我发展能力，使其拥有较强的职业能力。因此教师在教学中需要实时关注旅游行业的发展状况，根据社会的岗位需求来进行教学，并及时改进不完善的教学模式，同时补充新的知识和技术，让学生能够满足社会需求，成为行业实用创新型人才。学校应加强校企合作，让教师有效地参与到实践活动中，了解当前企业的用人机制以及行业发展的现状和趋势。学校应对其进行深入的研究，采取合理的合作方式，让教师能够充分了解企业发展的信息资源，从而在教学中为学生提供更加全面的行业信息，提高自身的教学质量。

4.教师应灵活运用教学方法

教师教学中应注意多种教学方法的灵活运用，增强职业核心能力的实用性，自主教学。在现有的中职旅游教学过程中，多数教师仍采用传统的教学方法，即教师在讲台上单向地对学生讲解知识点、教授课本内容和当堂提问的方法。事实上，有许多新型有效的教学方法是已经被人们熟知的，如实际情景模拟的教学方法、案例讨论教学法、项目分析教学法等。教师应根据实际教学情况和教学内容选择教学效果好的教学方法。新式教学的引入对于吸引学生学习兴趣，培养学生对于新事物的接受能力也有一定的效果。教师在新方法引入时，应注意对学生自主学习能力、独立解决问题能力的正确引导，确立学生在教学中的主体地位。例如，在某中职旅游教学课堂上，教师将学生分成两组，一部分扮演旅游相关从业人员，另一部分扮演游客，对旅游行业的多种突发情况进行情景模拟，然后互换两队人员的角色再次进入模拟情境，最后由学生对各种情况发表自己的感受，教师尤其强调学生在角色互换后带来的差异性思考。情景模拟过程中，教师对其中较为棘手的突发事件做出重点讲解，纠正学生在情景模拟中的错误，指导学生的就业行为规范。学生经过情景模拟之后对突发问题的实际解决能力大大提高，对所学的专业知识有了更深的理解和实际操作经验，综合能力得到锻炼，为以后的工作奠定一定的基础。所以说教师应结合学生特点和课程特点采用独家新型的教学方法进行有效教学。

（四）适合中职旅游学科的课程模式和教学方法

近年来，教育界总结以往经典的课程模式和教学方法，在充分汲取经典的基础上，为弥补其不足，提出了很多丰富多彩的现代课程模式和教学方法。下面将结合中职旅游学科特色、学生特点和教师情况选取适合中职旅游学科的课程模式和教学方法进行介绍，辅之具体案例，使每种方法能够更直观、更有效地被理解，从而应用于日常教学之中。

1.课程模式

（1）互学结合一体化式课程模式

互学结合一体化式课程模式是以实际能力为基础，学习进度以实际表现为根据，信息回馈方面比较及时；学习场所是课堂、实训、现场；教学过程中以学生的学习为主，教师的教为辅，注重学而非教；教学目标针对性和可操作性强；教学模式以能力为教学单元，以职业分析为基础；教学评价是根据学生实际掌握的能力，师生共同评价。

小案例

1.课前准备

第一步，利用博客建立吉林省旅游主要景点专题教学主页。

第二步，将本模块要达到的职业能力目标上传到博客。

知识目标：吉林省主要旅游景点的特征及成因；吉林省主要景点的类型。

技能目标：能判断吉林省主要景点的类型；能模拟导游介绍吉林省的各个

景点；尝试对长春本地设计一条有特色的旅游线路。

情感态度目标：利用吉林省丰富的旅游资源对学生进行热爱家乡的教育。

2. 自学内容和过程

第一步，进入"我的家乡"模块：浏览吉林省主要景观图片，引出主题，进行主要景点介绍。

第二步，进入"方法点拨"模块：根据教师的方法点拨完成吉林省主要景点的学习和实践。方法点拨内容：利用第一模块旅游资源所学判断吉林省各个典型景点的类型特征及成因。

第三步，进入"自学园地"模块：到指定的旅游景点欣赏，在旅游实践中利用已学的旅游审美方法和技巧去欣赏吉林省的主要旅游景点。

第四步，进入"成果验收"模块：到选定的旅游基地，完成旅游模拟的欣赏、分享和示范。

第五步，进入"比一比专区"模块：将全班共分为10个小组，一个小组负责一个城市的景点。进入"分组讨论专区"模块：组内成员针对自己负责城市的旅游景点，进行类型判断、特征分析和景点讲解等，并指定一个成员汇报成果，在全班分享交流。

第六步，进入"课后实践验收"模块：验收本节课的效果及拓展知识面。

验收方法：设计一条长春有特色的旅游线路，并上传到教师博客展示。量化考核每组成员的现场汇报。

验收基地：长春市区旅游景点实地旅游（模拟旅游团操作）、在线练习。

3. 学习环境选择与学习资源设计

学习环境选在Web教室或者是网络教室；学习资源类型选择网络博客。学习情境设计在教师提供的旅游模拟基地进行景观欣赏和模拟导游，并且也有参与长春本地一日游真实性情境下的实践操作。

4. 学习活动的组织

自主学习设计：教师利用博客和教材这两种资源对学生提出本模块的学习目标和要解决的主要问题；学生通过网站进行在线习题和实践导游能力测试；针对长春本地旅游景点，用自己的观点设计一条旅游线路并上传到网站上展示，开展学生之间、师生之间的评价。

协作学习设计：小组专区讨论并展开竞争，这就是一种很好的协作能力的培养，这也是 OBE 教学模式要求培养的综合能力素质中的一种；利用教师博客上的旅游基地进行导游模拟，导游介绍景观特点，其他成员欣赏，这也是一种协作能力的培养。

5.学习评价设计

测试形式：课堂上提问；在线测试；模拟导游现场讲解能力量化考核；长春特色旅游线路设计（在线互评）。

测试内容：小组讨论后回答吉林省主要景观的特征、类型判断、欣赏要求；课堂提问吉林省主要景点的地理位置；学生通过专题网站自学园地，完成相应专题讨论；通过课后实践，完成长春特色旅游线路设计。

（2）信息化课程模式

信息化课程模式是以信息资源为核心，以信息网络为基础，利用上网设备作为辅助工具，在教学过程中以学生为主体，充分设计和利用网络学习资源的新型课程模式。相较于传统的教学模式，信息化课程模式的"新颖"，改变了教学过程中师生双方的角色和位置：教师由原来课堂知识的"传授者"，课堂"权威"，转变为教学活动的"组织者"和"指导者"，退居"辅助"位置；而学生则由被动的知识"接受者"一跃成为知识的"探索者"，课堂的"主体"，占据"主导"位置。

小案例

下面以中职《导游基础知识》课程的教学为例，分别从"教"和"学"这两个角度，来具体阐释一下信息化教学模式在旅游专业教学中的应用。

第一，"教"的信息化教学应用。该模式是指在课堂教学中，以教师为中心和出发点，对教学活动进行设计、组织，在教学方法和媒体的应用上也是以教师为主体。这种模式与传统的课堂教学模式有相似之处，大体的教学程序依旧可以描述为"教师传递—学生接受"。不同的是，在教学设计和实际的教学过程中，充分体现了信息化手段带来的资源优势和技术优势，教师传递信息的手段和借助的工具有了多种选择：多媒体教室、微格教室、微课堂等，不再是单调的解说加黑板了。例如：在《导游基础知识》"中国古代建筑概述"部分的教学中，要求学生掌握中国古代建筑的建筑思想、历史沿革及建筑特色。这一部分属于理论基础部分，涉及的理论涵盖了阴阳五行、风俗禁忌、传统思想等各方面，内容抽象深奥，光凭教师口头解说，很难达到既定的教学目标。

对此，信息化的做法是：

第一，结合教学大纲和学生的实际情况，制定教学目标。在课前准备时充分利用信息化技术及网络平台的共享资源，挑选出适用部分。其次，授课时，利用多种教学手段，借助各种工具，如微课、课件、视频等，结合信息化技术，将枯燥抽象的知识生动化、具象化。

第二，"学"的信息化教学应用。该模式则是将学生作为教学设计、活动安排、媒体应用等的主体，将学生变成课堂和学习的主人，激发其主动探索学习的积极性。如在《导游基础知识》"佛教"的教学中，体现出了理论和实践的双重要求：这一章节前一部分理论性强、信息量大，后一部分如"汉地佛教寺院布局"中则表现出鲜明的实践性。所谓"纸上得来终觉浅"，要切实掌握汉地佛教寺院的布局规律，不如实地一游来得效果好。但是，书本上要求掌握的名寺古刹都远在各地，如何才能"躬行"一游，真切了解汉地佛寺的布局规律呢？

具体操作如下：

第一，教师根据课程设置创设情境，同时结合专业特色下发任务：现有"嘉禾名寺古刹之旅"旅游考察团一行若干人，不日将抵达嘉兴，作为本次旅程的地陪导游，请做好接团前的准备工作（知识准备），前往行程内各著名寺庙实地考察，并做好资料的收集。

第二，将班级同学分为若干"导游小分队"，分派至当地各寺庙进行考察。要求各小队事前利用信息化手段进行资料的收集，事后绘制出该寺布局的平面图，保留相关文字和图像资料。

第三，展示考察成果，进行小队间的讨论交流。教师对讨论后的成果进行补差和点评，由学生改进后形成系统知识。

第四，学生借助相关专业数字模拟系统（如神州实景的三维实景模拟系统）游览知名古刹（如灵隐寺），进一步修正和验证所得的知识。

第五，要求学生将考察时收集的资料及课后总结的知识整理上传相关平台（微信群、QQ群、微信订阅号等）作为本次学习的作业及成绩。

整个过程中，学生经过分工协作、自主学习，在信息化技术的利用以及团队协作意识方面都有了极大锻炼，提升了综合素质及能力。

（3）任务引领型课程模式

任务引领型课程模式是以学生将来的职业活动为主线，针对实际任务的需要，重新组织和设计教学内容，形成以任务为主轴的课程模式。在教学中，要尽可能地利用各个实训场所，创设与工作实际接近的教学环境，师生间、生生间也要形成类似工作同事的关系，这样就可以实现课堂教学环境与工作环境之间的融合，给学生创设一个模拟但真实的职业情境，更利于技能的习得和运用，加深他们对将来所从事职业的理解。

任务引领型课程模式是建立在学生对任务的兴趣和准确感知的基础上，通过完成特定任务，充分调动学生学习的积极性和主动性，进而培养学生自主解决问题的能力。主要包括感知任务、完成任务、评价任务三个阶段。

①感知任务

在教学开始，教师首先要用学生感兴趣和能把握的方式将这堂课的任务呈现在学生面前，以激发学生学习的兴趣、吸引学生的注意力，如选择上课地点是模拟导游室，上课开始，就可以播放一段导游带团游览景点的录像，让学生对任务有直观和感性的认识。任务展示后，教师要指导学生通过相互讨论来明确任务的主题，并对任务进行项目分解，认清完成项目可能的途径，从而真正使学生从内心深处产生完成任务的欲望，如在展示游览景点任务后，要组织学生通过讨论，分析完成这个任务所需要的知识和能力：主要景点的知识、导游词写作的能力、口头表达能力、与游客沟通的能力。之后，教师应指导学生去解决这些问题，比如去查找需要的资料，进行小组分工、记录小组讨论结果、小组汇报中应该注意的问题等。

②完成任务

这是整个教学过程中的重点部分。任务提出并设计好后，学生就需要围绕任务，通过小组学习、自主探究、充分展示、多样汇报等环节去完成任务，充分做到对知识的理解和应用，比如在小组学习、自主探究环节，可以每人各选择景区的一个景点，最后把小组每个成员的设计线路串联起来，形成一个完整的导游过程；也可以大家经过讨论，共同来完成每个步骤，最后由一位同学来展示结果。在此过程中，要提醒学生充分讨论在导游过程中可能出现的问题，如果遇到难题可以问老师，可以问同学，也可以求助于教材、书籍、网络等，其目的在于培养学生搜集、分析信息的能力。在充分展示多样式环节中，各小组或选出代表或全体出动汇报任务的完成情况，其他同学充当游客，可以提问题，随机抽出部分同学按一定的标准进行打分，汇报时要求充分利用多种手段，如课件、图片、模拟设备等，在这一活动中，学生在模拟的任务情境中，不仅表达能力、沟通能力等职业能力得到充分的展现和提高，也加深了对未来职业的实际感知。

③评价任务

任务引领型课程模式在评价任务的完成情况时，要注意以下几点：一是要注重过程评价，任务引领型课程模式更注重学生在完成任务过程中的表现和贡献，更注重学生在原有基础上的发展和提高，更注重学生参与教学活动的态度、情感和思维方式，如参与活动的情况、小组讨论中的发言情况要注重多样化的评价。二是在任务引领型课程模式中，评价的主体可以是教师，也可以是学生，也可以是小组的同伴，还可以是个人的自评，既要评价学生对专业技能、知识的掌握，更要关注非智力因素，如对旅游专业的认同感、学习兴趣的提高、完成任务过程中合作能力的提高等。

2. 教学方法

（1）头脑风暴

头脑风暴是指教师引导学生首先针对某一课题自由发表意见，对其意见的正确性不做任何评价，待最后进行统一总结的方法。通过头脑风暴，教师和学生可讨论和收集解决实际问题的不同方法。学生们在集体讨论中，相互激励，畅所欲言，促使每一位学生对教学问题进行思考，产生自己的意见。此种方法不仅有利于集思广益，而且通过同学之间的相互激励，促进平时不爱动脑筋的学生主动参与其中积极思考。当然，教师应发挥好引导作用，鼓励学生勇敢提出自己的想法，所有建议都无须立即评价，而是留待最后进行统一评价和总结。学生在积极讨论问题的过程中，很可能碰撞出新的思想火花，这对发展学生的创造性思维和独立思考能力是极其有效的。

📖 小案例

在学习前厅部员工的职业素养时，教师如果只是把对前厅员工的素质要求一条条列举出来，学生虽有所了解，但仅限于表面。这时候可提出问题：如果你作为一名五星级酒店的人事部经理，你会为酒店招聘什么样的前厅员工？此问题激发学生开动脑筋，各抒己见。每个人都要说出自己的想法，即使答案千奇百怪，教师都先不做任何评价，让同学们尽情发挥，待最后再把大家的想法统一评价并总结。这样得出的结论是同学们所信服的，学生的活跃思想往往也会让教师有意外收获。

（2）案例教学

案例教学是指教师通过一个具体教育情境的描述，引导学生对这些特殊情境进行思考的一种教学方法。一方面，学生通过对一个个具体案例的思考和讨论，得出自己的判断，增进对问题的认识，提高分析问题和解决问题的能力。另一方面在同学之间的交流和讨论中，学生也能提高对问题的洞察能力。

📖 小案例

在学习总台服务中如何进行邮件处理时，学生常常认为邮件处理的流程简单，并不重视。这时候，给出案例"一份无人认领的平信引起的纠纷"。当学生面对由于总台接待员的失误，未将一封信件送达客人而导致严重纠纷时，学生意识到事后尴尬处理的被动。这样一方面在讨论案例事件如何妥善处理时，学生提高解决实际问题的能力。另一方面，学生认识到简单流程如果不认真做，容易导致极为棘手的复杂问题，以此激发他们对工作细节的重视。

（3）创设情境

创设情境是指根据教学内容创设一个与学生未来所从事的工作情境相类似的教学环境，学生在模拟情境中学习工作过程的一种方法。在模拟的环境氛围中，学生对自己未来的职业岗位有一个比较具体的、综合的理解，并通过操作获得专业知识、技能和体验。此法对于一些特有的行业规范学习非常实用，可帮助学生形成感知，深化专业技能，还有利于全面提高学生职业素质，为将来的顺利就业打下坚实的基础。

📚 小案例

在学习客房处理客人投诉时，教师如果单纯口头介绍处理投诉程序与原则，容易造成学生纸上谈兵，忽略操作过程。这时候可通过创设情境的方式，模拟大堂经理处理客人投诉的工作环境。学生在情境中实际训练，通过自己体验形成感知，理解处理投诉的程序，提高处理投诉的技能。模拟饭店大堂环境具有很强的可操作性。如此情境模拟只要一块活动区域方便行走，一张桌子作为总台，一张桌子和两把椅子作为客人休息区就可以了。

（4）项目教学

项目教学是学生为主体，实践为导向，师生通过共同实施一个完整的项目而进行的教学活动。根据教学内容，教师选择合适项目，学生在项目的驱动下，教师的引导中，收集资料，解决问题，展示成果。为了更好地培养学生的社会能力，项目教学法常采用小组合作的方式。可把不同类型的学生分在一个小组，取长补短，共同完成某个项目。在小组中，每个学生都可成为指导者，通过团队交流讨论和展示学习成果，每个学生的专业能力和社会能力都得到锻炼。

📚 小案例

在介绍前厅工作环境时，教师课前分组布置任务：实地参观当地高星级酒店，画出酒店大堂布局图，列出酒店设备清单，描述酒店大堂气氛。在课堂上运用多媒体播放酒店图片和视频，以小组为单位派代表进行介绍，展示调查成果。教师和学生一起根据各组的介绍情况评分，进行竞赛。在项目的驱动下，学生们主动去观察各酒店前厅大堂的环境，与前厅员工交谈并了解他们的工作流程，还积极查找前厅环境的资料。在分工与合作中，学生不仅激发了学习兴趣，还锻炼了语言表达能力和人际交往能力，以及提高分析问题和解决问题的能力，形成团队协作精神。"前厅服务"是一门理论和实践结合紧密的课程，其接待服务、礼宾服务、总机服务、商务服务及收银服务等各项前厅服务技能的培养都很适合运用项目教学法。

（5）角色扮演

角色扮演是指学生通过角色扮演的过程，加深对教材的理解，探索角色的情感，洞察角色的感知，提高解决问题能力的一种教学活动。此法不仅可以调动学生学习的积极性，达到教学的目的，同时能提高学生的社会交往能力，体会换位思考，对培养学生正确的价值观也有帮助。

小案例

在"中餐宴会服务规程"教学中，有一块教学内容是面对各种类型的客人，服务员应该如何处理？这实际上就是考验学生在实际工作中能否做到随机应变和沉着冷静。针对这一部分内容，教师布置了两个角色扮演的课题：一是面对醉酒客人的处理；二是面对故意刁难客人的处理。在实际的课堂演练中，服务员的角色充当不成问题，但是"醉酒客人"和"刁难客人"如何到位出演可真成了难题。这就要求教师具有一定的演出指导能力。观众态度的适宜性改变。在角色扮演过程中，难免会出现一些比较搞笑的场景。这时，观看的教师和学生需要注意自身的心态，不应该嘲笑或者起哄。同时，表演的学生也要调整好自己的心态，认真地演完自己的"戏份"。

第三节　加强团队合作与交流

近年来，中职学校教师教学团队合作的问题日益受到关注。从目前中职学校教学改革发展的趋势来看，传统教师"孤军奋战"的教学模式已经不能满足中职教师教学团队合作发展的需要，而在现实的中职学校教育情境中，关于教师合作的现状也确实有些不尽如人意。现阶段，中职教师依赖教学团队力量，通过合作与交流，在日益复杂的现实教育情境中更好地实施教育行为，可以不断地增强教师自身和教师群体的专业素养或教学能力，促进教学教研水平以及教学质量的提高，从而提升中职学校的整体教育竞争实力。由此可见，进一步加强教学团队的合作与交流有着深刻和广泛的现实意义。

一、教学团队合作的含义

（一）团队的含义

关于团队的含义，不同的学者有不同的看法或见解。根据武汉理工大学程国平教授的观点，团队又叫工作团队，是近年来在西方企业中普遍运用的一种组织形式。所谓团队，是指由为数不多的员工根据功能性任务组成的工作单位，其主要的特征是团队的成员承诺共同的工作目标和方法，并且互相承担责任。根据一般的说法，团队，是人力资源管理尤其是企业人力资源管理中的一个概念，是指由员工和管理层组成的一个共同体，该共同体合理利用每位成员各自拥有的知识、技能、信息与其他资源，协同工作，解决问题，达到共同的目标。团队的构成一般包括目标、人员、定位、权限、计划等五要素。团队的成员要接受一定的训练，要掌握团队工作技能和习惯，特别是每一位成员都要掌握多种技能，以便在工作中相互支援。团队的成员要求具备解决问题和做决定的能力，能够确定问题和提出解决问题的方法。

（二）教学团队合作的含义

教学团队合作是建立在教学团队的基础之上，以知识交往为前提，以教育实践为载体，以共同学习、研究、研讨为形式，在团体情境中通过相互沟通与交流最终实现整体成长的合作活动方式。团队合作可以支持和帮助教师改进和完善自身的教学科研实践，并以此为平台，提高教师素质和教育教学水平，促进教师的专业发展和学校教学水平的整体提高。

二、国内外研究概况

（一）国外研究现状

在国外，教师的教学团队工作是推进课程教学、促进教师专业成长发展的重要方式。20世纪，国际教育界提出"教师成为研究者"的观点，提出应该建设教师专业团队，实现同伴互助；提倡教师共同工作，形成伙伴关系，通过共同研习、示范教学以及有系统的教学练习与回馈等方式，彼此学习和改进教学策略，提升教学质量。

20世纪50年代，美国的"小组协同教学制"开创了教师合作的先河。美国的做法是给教师授权，通过共享权力和责任，将权力下放给下属。授权团体可以使教师的思考角度与行为方式从"我"转变为"我们"，团队促进了合作对竞争的取代。团队工作是所描述的学习型组织的核心，通过团队工作提高教师满意度已经被广泛认可。

英国许多教师认为从其他教师那里学习，教师之间的相互学习，是加强其专业技能最有效的方式。英国政府颁布的《教学与学习：专业发展战略》充分体现出上述观点。政府把他们所鼓励和倡导的专业成长途径概括为"从相互之间学习，从工作中学习"。这一专业成长途径的突出表现就是英国"高级技能教师"资格认证措施的出台。英国教育技术部从1986年起推出了"高级技能教师"这一类别的资格认证。高级技能教师在职业技术学校和其他学校发挥教学带头人的作用，帮助同事进行专业成长。

日本是最早践行教师团队的国家之一，他们在20世纪70年代中期开始进行的"课例研究"（Lesson Study），其实就是教师团队合作的雏形。"课例研究"要求两个或两个以上教师参与，互相观课，并进行研究、构建、分享他人知识，相互之间创造有意义的学习经验。对于初任教师，日本文部省举办"洋上研修"活动。在为期7天的航程中,通过"船上研修"和"靠港地研修",打破地域和学校界限,促进研修者之间的交流,扩大研修者的视野,从而达到提高其素质的目的。

(二)国内研究现状

教学团队合作在我国已经有着坚实的历史基础。从20世纪80年代末到21世纪初,我国中小学教师在一段较长时间内保持以"教研组"为代表的科层制教学团队形式,其主要的活动方式即是组织教师集体备课、集体听课和集体评价,提倡教师之间可以分享备课资料和集体体验课堂教学的效果。而合作的学校、教师和专家之间的听课和交流,这已经成为学校教师之间形成良好合作伙伴关系的一个组成部分。相对以上的活动,个体教师之间的相互指导,也有相当的基础。比如在学校中老教师对新教师传、帮、带的做法,一直延续至今,并成为中小学培养初任教师的专业成长的传统。

随着我国基础教育和中等教育改革的持续开展,人们对教师的专业成长日趋认同,教师教学团队合作作为促进教师专业成长和学校教育教学水平提高的一种有效途径开始受到人们的关注。对教师团队的整体探讨从实践到理论、从专家到一线教师、校长等研究已经形成初步体系。其中,华东师范大学丁钢教授强调教师专业成长的同伴互动和合作文化,提倡教师之间在教学活动等方面的专业对话、沟通、协调和合作,能够通过教师彼此的互助支持,减少教师由于孤立而导致的自发行为,在学校中打造一支优秀的教师专业成长团队。

我国中职教育在教师教学团队合作与发展问题上做出了许多有益的尝试并取得了许多成绩,但现阶段的中职学校教师教学团队合作的体系仍然存在不够完善、领导重视仍然不足等问题。近几年,随着职业教育的发展,学者们提出了一些教师专业培养模式,从非学历角度有"双师型"培训模式,"学科带头人""骨干教师"培训模式,校本培训模式,实践教师的师资培养模式,教师自我学习模式;从学历教育角度的师资培养模式包括两种,即职教师资"专升本"培训模式与职教师资的"研究生"学位培训模式,这些专业成长模式非常强调关注教学团队合作在教师专业自主发展中的重大作用。

三、中职学校教学团队合作的现状及影响因素探析

（一）现阶段中职学校教学团队合作现状

1.教师在教师团队合作与教师专业发展关系上的态度

教学团队合作对促进教师发展的积极作用普遍得到认同。令人欣慰的是大多数的教师存有积极心理，他们的内心对教师合作充满了渴望，希望通过教师团队的合作提升自己。大部分教师意识到教师有效合作的前提是教师意识到教师合作对个体发展的必要性及重要性。只有教师个体具备自觉自发的合作意愿，各类教师合作活动才可能得以开展，从而促进教师自身的发展。

2.现有中职学校教学团队中的合作氛围情况

现有的中职学校教学团队中合作的氛围不够浓厚，阻碍着教学团队的合作发展，束缚教师的专业成长和学校教育教学整体水平。一般而言，通过听课评课进行交流是教师在校进行交流合作的重要形式，对教师的专业成长和学校的整体教学质量的促进作用是显而易见的。但是教师在教学实践中还是倾向传统的孤立与封闭的方式，并没有充分利用教师的合作，甚至部分教师不能敞开心扉，没有表现出同事间应该具有的信任，即虽然广大教师有着与他人合作的良好意愿，但教师合作文化仍未形成。因此，如何突破这一瓶颈是亟待解决的问题。

3.教学团队的合作机制及团队成员的地位问题

教学团队合作机制不完善，团队核心成员力量未能发挥，教师主体地位未突出。中职学校的教学团队带头人仍需进一步提升自我，才能被下属进一步认同。学校领导人和学科带头人要重视和热爱教学工作，具有丰富的教学经验和娴熟的教学技巧，品格高尚，具有吸引人、团结人、凝聚人的品行修养和人格魅力。

教学团队建设应该调整好团队教师之间纵向的沟通和横向的交流与联合，有意识地培养教师在竞争中合作，在合作中竞争，形成和谐的局面，达到教学团队发展、教师个人发展及学校发展"多赢"。

近年来，随着中职教育的快速发展，社会对中职教育的期望值也越来

高，媒体对中职教育教师这一行业也越来越关注，加上当前日趋激烈的竞争环境，教师整体的精神状况确实不容乐观。加之中职学校专业门类繁多，参差不齐，很多专业课教师存在着缺口，教师工作任务重，交流时间得不到保障，部分教师有不同程度的职业倦怠。因此，建立一支良性、健康、合作、高效的教学合作团队，健全相关合作制度，适当地释放教师的精神压力，也是不可忽视的问题。

（二）教学团队合作中的消极影响因素

近年来，中职教师教学团队合作在教育和教研教学方面取得了一定的成绩，对促进学校教育教学工作的发展起到了积极的推动作用。然而在当前中职学校的教师教学团队合作中存在的一些不利于教学团队自身合作发展的消极因素也比较突出。

1. 教学团队的合作意识、合作技能与文化氛围缺失

在中职学校管理实践中，教师群体中的个人主义倾向占据主要地位，合作意识淡薄。一方面，教师的职业活动都是教师个人独立完成、分散进行的，教师的这种职业活动方式的个体性特征容易形成"文人相轻""闭关自守"的现象。因此，一些教师不愿意观察和干预别人的工作，也不愿意被观察和被干预，坚持独立成功观，对其他教师采取默然的态度，也就是加拿大著名教授安迪·哈格里斯夫所言的教师个人主义文化。另一方面，教师自身缺乏对合作追求的主动性，他们并没有真正认识到合作对于彼此发展的重要意义和积极影响，大多还保持着孤立、封闭、保守的教学作风，不能做到主动积极地与同事沟通，相互交流教学经验，其结果往往造成教育资源的浪费和时间精力的多余支出。没有交流就没有合作，也就不会出现以教学团队合作促进学校教育教学质量发展的良好现象。

小案例

某职校英语教研组进行校本教材开发，教研组长本想把所有教师集中在一起开会谈谈整体构想，后来却直接发个模板下去，要求教师在约定的时间完成后上传邮箱。对这件事情，教师有比较大的意见："本来就已经够忙了，还浪费时间。"教师比较烦，一肚子委屈。在中职学校，学生上英语课的兴趣本来就不是很大，课本内容及配套教辅内容都没法按质完成，再增加内容，实在是累。教研组长不得不恳求大家："这是领导要求完成的，大家就合作一下吧。"

在这个案例中，一谈到合作，各位教师便牢骚满腹、没有合作的主动性和积极性，即合作意识差；不具备相关的电脑知识与技能，阻碍着合作进程；合作没有一定的气氛，教师间严重地存在着"假合作、真分工"的貌合神离现象。

同时，在上述情形中，还可以看到有"行政合作"的现象，即一种自上而下的合作。教师在这种合作的过程中，是被动的、消极的，只是为了完成学校的任务，没有来自其内心真正的需要。这种存在缺失的文化氛围的合作其想要达到的预期效果非常有限。

2.教学团队合作的目标混沌，缺乏"领头羊"

一个成功的团队，团队成员的使命与目标必须是清晰的，这样才有利于建立共同的信念与承诺。任何团队必须建立起一套清晰的行为准则，让团队成员知道在团队中应该做什么，不应该做什么。由此可见，有无成员共同认可的、特定的、共同的教学目标、建设目标，是教学团队与其他教学组织、教师群体的重要区别。教学团队中的每个成员可以有着细分的小目标，但必须有团队整体的大目标，个人的小目标要围绕、融入团队的大目标，通过实现团队的大目标达到团队与个人的共赢，达到团队教师整体素质不断提高的总要求。团队提倡成员之间相互信任，只有相互信任，才能关心共同的利益与目标。然而，从目前中职教师教学团队的合作情况来看，存在着盲目性和无序性倾向。这种松散的合作缺少对各种情况的正确估计和认识，缺乏具体的团队合作目标及指导方案，教师在合作的实施中很容易出现混乱的情况。例如，在某中职学校英语教研组一学年上学期的教学中，任课教师没有按照教研组的统一教学计划规定的阅读目标组织教学，而是各自为政，主教阅读者有之、主教语法者有之、主教听力者有之，可谓五花八门。这属于阶段性目标不明确、重点不突出的非有序教学。

现代中职的团队合作可以为教师个体专业的发展提供一种基础平台，但是，该团队合作这一基础平台的构建还需要有核心人物的支撑，需要核心"领头羊"的守护、滋养与提升。在教育教学科研合作中，核心"领头羊"应该为合作创设民主的氛围，充分尊重其他教师，充当属下教师个体专业发展的指导者和协助者。正如团队合作理论所说的，团队领导者要依靠个人的专长和魅力去挖掘、引导、发挥成员能力和团队精神，在团队中营造良好的人际关系，彼此信任，坦诚相待，使每个分力整合、凝聚为强大的合作力，指向团队的共同目标，建设高效率的团队，形成高效能的生产力。因此，对教师这个高素质群体来讲，基本物质需要满足后，追求更多的是事业的成功和自我价值的实现。但是，从目前来看，不少学校领导的管理者都没有把教师的身心发展摆上重要的议事议程：只顾上面的检查和各项名目繁多的评比，只顾给教师压教学任务。很多教师即使几十年如一日为教育事业默默奉献，"燃烧了自己，照亮了别人"，结果到头来却仍然看不见自己专业的发展，也看不见学校的教育教学质量有多大的进步。这都是合作团队一盘散沙的灾难。

3. 教学团队合作的管理制度与运行机制残缺

在现阶段的中职学校教学团队合作问题上，存在着教学团队合作的管理制度与运行机制残缺不全的现象。传统的教师评价体系较为单一，而新型的多元教师评价体制贯彻执行不力。大多数的中职学校，都不同程度地建立了以教师自我评价为主，学校领导、学生、同事共同参与的多元合作评价机制，这种多元教师评价模式的评价目的不是给教师定优劣，而是通过多渠道的评价使教师更能够客观地、全面地认识自己的优势和不足，在各方面力量的共同帮助下使自身的专业能力得到更快更好的发展，有利于促进教师之间形成和谐的互助氛围，促进教师之间的真诚合作。但是，在现实的学校教育评价运作中，即使残缺的制度也没有得到完全落实，学校对教师的奖励与惩罚仍然主要是以教师的教学与教研成绩的好坏为主，甚至是唯一的标准，如一所职校在评价方案中规定期末学科检测或考证成绩同期中比提升10%可以获得10分的奖励加分。在教师晋升或加薪方面，多数学校并没有由学校领导、学生、同事共同参与的多元合作综合评分出现。长此以往，教师岂能摆脱传统的教学评价模式的束缚？他们会在承受巨大的竞争压力的情况下合作？

现阶段新型的多元教师评价体制尽管更趋近科学、合理，更能体现中职教育的目的性要求，但是，却没有在现实地对教师评价的过程中得到真正的贯彻执行，反而会更加挫伤教师个体自主发展的积极性。一方面，"窝里斗"现象层出不穷，校内教师干戈相向、互相猜忌、互相戒备；另一方面，"不想争"的教师则安于现状，对教学技能的改进及教学改革失去热情，缺乏专业发展动力，出现的所谓职业"倦怠期"现象不足为怪。在这种评价运行机制下的教师们还能够心安理得、脚踏实地地正常开展教学合作吗？

4.传统的教师评价体系单一及奖酬体系欠缺

毋庸讳言，当前中职教师的物质待遇和社会地位，应该说是不能令人满意的，教师在物质上的满足感有明显的失落。因此，教师在工作上的表现要么"踢开合作谈分工""各人自扫门前雪""为薪水而干"，要么出工不出力。究其原因，重要的一点就是传统、单一的教师业绩评价体系与教师奖酬体系呆板而不具有评价的活力性、前瞻性和激励性。

中职学校普遍采用的教师评价体系仍是奖惩性评价。它是一种终结性评价体系，侧重于面向过去的评价，偏重于评价的鉴定、选择功能，把评价结果与教师奖罚、聘任或解聘直接挂钩，诸如经常听到的"奖优罚劣""末位淘汰"等，教师们普遍承受着巨大的压力。也正是由于此，教师间难以配合，他们彼此之间多表现为相互隔阂和孤立，而且容易形成恶性竞争，影响教师之间的关系，造成教师团队的不健康发展。

小案例　　校内教师考核方案引发矛盾

某职校两位老师一直共同承担导游资格证考试的教学工作，其中，一位授课"导游基础""旅游法规"；另一位授课"河北旅游""导游业务"。开学初，一位老师找到教务科，要求包班，也就是说，在一个班内，"导游基础""旅游法规""河北旅游""导游业务"由同一位老师授课。从表面上看，这样的变更无形中为老师增加了一个课头，会辛苦很多，而且对同一班教学课时太多，学生会产生审美疲劳，不利于提高教学效果。老师说："事实上我也不想这样分,可不这样分的话,我们俩不知道学生考证超过平均通过率到底是谁的功劳。学校的奖金是一回事,最主要的是我今年想评职称,希望年度考核能得优秀,那样写在业务档案上也好看些。"另一位老师事后知道了此事,在私下场合表示不满,两人关系一度僵化。

由此可见,到目前为止,学生成绩仍是作为评价教师教学业绩优劣和奖酬多少的重要指标。在这种鼓励竞争取胜的制度下,每位教师必须超过他人才能得到制度的奖赏。教师作为理性的个体,为了发挥自己的竞争优势,或是为了避免末位淘汰,不得不消极性地采取不利于合作的方法与措施。

诚然,中职教师的薪水是其工作价值的一种反映,是对工作的一种回报。但如果教师只为薪水而工作,那就意味着把薪水看成工作的目的,当成工作的全部,只为薪水而工作,就像活着是为了吃饭一样,那就大大降低了工作的意义以及生命的意义了。所以,如果只为薪水而工作,那么不仅会让教师在工作上失去很多,而且也会让教师的生命意义失去很多。即便如此,身处中职学校校园内部的教师,还是会经常听到这样的声音"我只拿这点钱,凭什么去干那么多工作?我的工作对得起这些钱就行了。我们学校领导干的工作也不比我多啊,可他的薪水比我高出一大块。他拿得多,就该干得多嘛。我只要对得起这份薪水就行了,多一点我都不干。"

可见,要消除为薪水而工作的影响,是很不容易的。这种不利因素即不做分外的工作、不愿意做薪外之事、不帮其他成员等思想因素的潜滋暗长与蔓延,会使得部分教师教学团队的合作步履维艰,很难促进教师自身专业的发展和学校教育教学质量,而意欲通过集体协作达到教育教学整体良性效应的思考也最终只能是空中楼阁而已。

5.忽视对教学团队成员的关注与合作时间不足

在中职教师团队合作方面存在的另一个问题在于中职学校的领导对教师教学团队合作的重视程度不够,教师的工作任务繁重,其教学合作的时间在实际工作中得不到保证。

一方面,中职学校很多专业课教师存在缺口,出现"几个坑等一个萝卜"

现象。有一些新开设专业，专业课教师只有两三位，却要承担本专业十几门专业课程的教学工作。另一方面，教师除教学工作外，大多还兼有很多的班级管理和其他杂务，教师工作负荷较大从而导致教师没有时间和精力进行交流和合作。繁重的工作任务是导致教师没有时间进行交流和合作的重要原因，时间的缺乏成为制约中职教师合作的严重瓶颈。

例如，某职校教师的每周平均工作量原则上是12节，但是专业课教师有的高达16~18节，若再加上班主任工作、辅导学生参加技能竞赛等，工作负担就很重了。由此可见，中职学校领导在强调教师合作的时候，忽视了教师之间合作行为的进行是需要必要时间支撑的。尽管学校为促进教师合作而人为规划了一系列具体的措施，如听评课、教研组活动等，也将其纳入常规教学工作的行列，但是，繁重的任务使得教师很少有时间与其他教师一起来分享观点、研究教学内容和合作教育，教师不得不把有限的时间和精力像挤海绵里的水一样吃力地腾出一点来完成合作要求。在这样的一个合作状态下，教师合作的质量肯定是值得怀疑的，原本想要通过教师之间的合作达到促进教师个体专业发展的效果必然要大打折扣。减轻教师工作负担，保证教师合作的时间是中职教师的合作能够顺利进行的关键。

6.合作过程流于形式与合作活动质量不高

对于教师之间的合作，如果从类别上而言，可以划分为人为的合作和自发的合作两种形式。人为的合作是指通过规章制度等强制性措施把教师聚合在一起，增加教师之间的合作探讨，在教师之间试图人为地去营造一种合作式的文化氛围，如听课评课、集体备课、教研室内部的相互探讨、教研室之间的相互交流等。自发的合作是指教师在日常工作中自然而然生成的一种相互开放、信赖、支援性的同事关系，表现为教师发自内心的自觉的合作行为。就一般情况来说，在现实的合作过程中，教师之间"人为的合作"要远远多于"自发的合作"。不可否认，如果不是由于组织的力量，教师们是不会主动进行合作的。甚至学校组织的某些教师合作活动是完全的"官方行为"，自上而下的具有单向性的控制。可见，教师们徒具其形而名不副实的合作大多并不是自发性的，这在很大程度上造成了教师合作质量不高。

小案例

某职校教师"评课"的一个老师上完校内公开课,按照学校的规定进行教研组集体评课。评课时大家都挑好的讲,或拣一些无关痛痒的讲,就怕得罪了上课的老师,即使提意见也只是轻描淡写。这是由于在校内举行的研讨课,大都关系老师切身利益或是涉及职称或是涉及学校考核,若把问题提得太尖锐了,一方面同事的面子会过不去,会得罪人;另一方面,风水轮流转,以后自己也会被人评价,得留条后路给自己。

由此可见,对于现阶段中职学校教学团队合作有关现状的分析,应该持辩证的精神,一分为二地客观看待或分析。只有这样,才能理性思考,应付自如。

四、推进中职学校旅游教师团队合作与交流的有效途径

(一)不断更新观念,树立好专业发展合作观

辩证唯物论告诉我们:正确的意识对事物的发展起积极的促进作用。因此,中职学校的旅游教学团队务必清醒地认识到教师教学团队的合作,必须与时俱进地不断更新观念,树立好专业发展合作观,即树立旨在促进教师专业发展的合作观。

1. 确立开放合作意识,统一合作的发展目标

第一,教学团队的有效合作首先要从观念开始,从切实强化教师合作的意识着手。人们常说"观念决定成败",强调的就是观念更新的重要性,"苟日新,日日新"讲的也是这个道理。

教师更新观念是教师团队合作与教师专业发展的重要前提。为此,一方面,教师要保持开放、开心、开明的心态。教师是否愿意与他人合作,取决于其是否有良好的自我认识及对他人的认识。因此,教师应该努力培养自我意识,以开放、开心、开明的心态,提升个人的教学理念,积极主动地与他人进行教学互动与合作,保守性、封闭性的心态会导致教师教学的合作困难、个体专业裹足不前。只有这样,教师才能在愉快的合作中学习到他人的教学经验,

大胆地摒弃传统的教学方法，促进自身学科知识的不断更新。另一方面，教师应树立"双赢"思维和全局观念，在合作与良性竞争中进步。教师之间的教学竞争在给予教师一定心理压力的同时，也为教师提供了不断提升自我的动力和要求。中职学校教学的目的是全面提高学生的整体素质，实现教学相长。因此，教师要努力促进自己"双赢"思维的形成与整体观念的确立。只有这样，教师才能够积极、主动地参与团队合作，"在合作中竞争，在竞争中合作"，才能够在相互支持与鼓励中分享到其他教师的教学劳动成果即教学经验教训或技巧心得等，也才能在团队素质共同提高的同时，实现教师个体的自身价值，即在合作中实现个人利益与集体利益的最大化与完美统一。

第二，要使团队的每一位教师高度统一思想，明确团队合作的重要目标是促进教师自身的专业发展，提高学校整体教育教学水平或者质量。毛泽东同志曾经所强调的"没有坚定正确的政治思想就等于没有灵魂"，讲的就是要高度重视思想或目标统一的重要性。现阶段的中职教师，应该要有统一的教学团队规划，确定统一的研究课题，制订统一的学科教研计划，开展统一的形式多样的教研活动。只有这样，教学团队合作才拥有源源不断的内在动力，也只有这样，教学团队才能更紧密地合作，教学团队的合作才能够真正做到"步调一致取得胜利"。

当然，教师应从思想上明确开展合作并不意味着要放弃对教育教学问题的独立思考和独立行动，更不意味着要排除个人的主见和创新。以促进每一位教师个体专业发展为直接目的的教师团队合作，切记不可"为了合作而合作"，否则，这种合作就是一种形式上的无价值的合作，不但起不到促进教师个体专业发展的作用，相反会消耗部分教师的意志。

小案例

某职业技术学校旅游教研组积极开展"以赛促教""以课题促教"教研合作活动。一方面，该组的全体成员紧密地团结在本教研组长的周围，严格执行学校和教研组的教学计划，以国家、省市或县区的各种技能竞赛赛事为契机或短期目标，齐心协力地积极参加指导学生参赛的"合中有分、分中有合"

的备赛教研活动，并取得了良好的成绩。在某年市学生旅游项目技能竞赛中，学生中式铺床项目获一等奖、中餐摆台项目获二等奖，该教研组老师获得省技能大赛二等奖。另一方面，该教研组成员积极围绕本教研组承担的省级课题"关于中职旅游的翻转课堂"开展教研合作活动，也取得了较好的阶段性成果。在"餐饮服务"课程教学内容中，共同研究和设计了《我来教你辨别牛排生熟度》《当一个合格的餐厅服务员》两个小游戏，并应用于课堂教学。这正是教学团队的教研合作目标高度统一的结果。

2.合作教研资源共享，增强合作的知识底蕴

强化教师合作意识，共享教学教研的资源，可以优化教师知识结构，增强教师合作所需要的个体专业理论知识与技能或教学研究能力，从而进一步推动教学团队更广泛、更深入地开展合作。

中职学校旅游教师专业知识、专业技能等的发展与教学团队的合作是辩证统一的关系，二者统一于现阶段中职教育教学改革的伟大实践之中。

第一，中职学校旅游教师专业知识、专业技能等发展情况，尽管受着诸多因素的影响，但无论怎样也有赖于教学团队的有机合作。中职学校教学团队的合作是教师专业知识、专业技能等发展的迫切需求，也是促进教师专业发展的有效途径，对教师的专业发展有着十分重大的推进作用。

教师专业知识、专业技能等发展的过程，就是教师个体的教学经验不断丰富，教师不断审视自己的教学并不断改善教学，提高教学水平的过程。根据建构主义学习理论：学习是学习者在教师或同伴的帮助下，与大家一起协商取得认同从而建构意义的过程。处在这样的教学团队合作协商的环境中，教师之间的相互影响是很明显的。因此，在这个过程中，教师需要不断学习，新教师应在有经验教师的鼓舞和激励下，不断向有经验的老教师学习；而老教师也应在平等对话的过程中从新教师身上了解到新的知识和观念，以及新的知识理论的发展动向，并将其纳入自己已有的知识结构中，丰富自己的知识体系，为更好地合作准备条件。

第二，旅游教师专业知识与技能等的发展，能够增强教师团队合作的广度和深度。

按照一般的说法，从动态与可持续性的评价方向考察，中职教师个体专业的发展可以概括为以下方面：知识专业化、技能专业化、修养专业化、研究能力专业化、教育合作能力专业化和管理参与能力专业化。在这里，应该看到，每个教师的实践是有限的，学习是有限的，知识也是有限的，同时，由于教师之间在家庭背景、求学历程、认识结构、智慧水平、思维方式以及生活方式等方面都存在着重大的差异，因此，即使同一年级、同一学科的教师之间，也应该通过教研活动的资源共享，相互启发，相互补充，实现知识和经验的互补，思维和智慧的碰撞，使原有观念更加科学和完善，专业知识和技能或研究能力不断提升，从而促使教师教学团队的合作在教学教研中探讨的课题范围更加广泛，研究的课题层次更加深入，研究的课题目标有效达成。

3. 积极参与教学实践，丰富合作的专业技能

强化教师合作意识，积极参与教学合作的实践，有助于丰富教师个体的专业实践知识或实践技能，增强教师个体的专业教学实操技能或教学研究能力，从而有助于教师团队教学教研合作的活动更加务实，研究成果更加科学。

（1）辩证唯物主义认识论认为，实践是认识的唯一来源。中职教育是实践性非常强的教育，中职学校教学也无不打上实践或者实操的烙印。在平时的教学中，教师或把实验器材拿到课室进行讲解和操作，或把学生带到实操实训大楼进行边操作边讲解，或把学生送到有合作关系的企业、学校等进行顶岗见习。无论是哪一种实践，教师之间在实践中的合作的功能不可抹杀。在中职学校合作的教学实践过程中，教学团队的教学实践对提升教师个体专业实践知识或实践技能有着重大作用。因此，教师应勇于实践，为更好地开展教学合作打下坚实的专业技能基础。

（2）教学教研实践也是教学团队自身合作研究、合作创新的根本途径。

第一，实践中的新教师或青年教师通过对"师父"即老教师实践活动的自然观察或通过向"师父"取经，可以直接获得知识和技能。因此，新教师或青年教师务必在实践中虚心学习、仔细观察。有的中职学校开展3年以下教龄的青年教师与对口专业老教师"结对子"活动。通过师徒结对子活动，"师父"在教学教研实践活动中对"徒弟"进行传、帮、带，能够迅速丰富新教师或青年教师的教学经验或者方法，使其能较快地获得未来合作所需要的专业技术或能力。如旅游教研组"师父"教师传授给"徒弟"教师"快速铺床""快速摆台"等，获得专业技术上的快速提高。

第二，教师个人务必在自己亲身实践的基础上形成一种理解或感悟，同时结合间接经验即他人的经验并加以比较和思考从而获得新的知识。从信息学的角度来考察，单向吸收比双向、多向交流所得的信息要少得多。教师通过合作，可以传播个人实践知识，也有利于个人实践技能的培养。正如迈克·富兰所说："理解文化的本质和它所具有的作用，就是承认它在吸收全体组织成员的隐性知识进而使它们变成显性知识方面具有功能，同时它也能够积极寻求和吸收组织外部新的思想和知识。这样一个知识创新的过程对于获得成功具有核心意义。"为此，教师应务必积极参加教学合作实践，在实践中勤于思考、善于综合分析。

随着教学合作实践的不断深化发展，教学团队中教师合作所需要的实践知识在不断丰富、更新、完善，这就使得教学团队合作的活动更富有活力，合作的方向更加正确，合作的进程更加快速，合作研究的结论更加科学。

小案例

某职校在探讨礼仪课程教学的时候，旅游学科礼仪实战经验丰富的教师主动承担现场演示示范任务，男教师穿西装、打领带等，女教师化妆、穿裙装等，并传授握手、递名片、再见等要领，同时要求其他教师现场展示，纠错纠偏。通过该教研组的教与学，教师们的礼仪知识不断提高，个人的礼仪素质不断提升，基本上都掌握了着装应该服从"三色"的礼仪规则，克服了原有着装"色彩斑斓"的景象，也为日后学校礼仪教学研究的广泛与深入开展提供了扎实的实践基础。

（二）务实打造高效团队，促进又好又快合作发展

在现阶段中职学校教学团队合作实践中，应该努力打造强有力高效的教学团队，以务实的态度努力促进教学团队的自身合作又好又快地发展。

1. 明确分工与协作责权,推进合作的工作进程

在中职学校教学团队的合作中,如果该合作团队或小组是一个高效型的,即在合作中有明确规定分工与协作的权利或责任,且有共同实现的活动目标,那么,该教学团队的合作一定能够提升教师个体的专业思想道德修养,增强教师个体的集体荣誉感和社会责任感,消除合作的盲目性和内耗,从而推进合作的工作进程。

(1)教学团队要确立共同的协作目标,以确保教学合作的正确方向,防止盲目地曲折前行。

第一,作为学校管理者,在确立教育教学的目标时,应当强调的是目标的群体性,倾向于确立学校团队整体目标,而不是强调目标的个体性。这样,就可以把每个教师的教学工作与教师团队工作紧密地联系在一起。

第二,学校必须明确,学校教学工作的顺利完成,必须得依靠全体教师的共同努力。

第三,教师的活动和努力必须服务于学校的整体教学目标。教师在整体教学目标的指向下,会自然地增强自身作为学校一分子的主人翁意识,在实现团队目标过程中,也可以充分体会到为集体荣誉而努力的荣誉感和自豪感,从而促进教师在自我发展的过程中积极参与合作,形成"人心齐、泰山移"的良好态势。

(2)教学团队要明确规定教师分工的权责,以确保教学合作的高效运行,消除内耗。分工与协作是在完成某项任务的过程中不可分割的两种活动,协作是任务完成的保障,分工则是完成任务的基础。因此,一个真正的合作,只有赋予教师相对应的权利和责任,教学团队中的教师在实现个体专业发展过程中的主体地位才能得以充分体现,对自己所担任的部分任务才能充满集体或社会责任感,才有可能真正到达忘我的教学科研境地,才会有意识地加强自己与其他教师的融洽地对话与合作,从而提高教学合作的工作效能。

(3)在团队分工合作的过程中,强调教师的主人翁意识和主人翁地位,并不是要否认学校领导或学科教研领导的"领头羊"地位。在团队建设过程中,一个团队核心领导人物的个人感召力、影响力和创造力会对合作团队的凝聚力产生深远影响,甚至影响整个团队的合作风格与发展趋向。因此,教学团队合作，必须是在团队领导下充分发挥教师个体积极性、主动性和创造性的分工合作或协作。

为此，教学团队合作务必确立共同的协作目标，明确规定教师分工的权责，巩固"领头羊"地位，发挥主人翁作用。

在分工合作的实践方面，在集体备课方面，举办研讨课、观摩课或公开课的时候，可以在教研组长的统一部署下确定一个课程主题，然后借鉴上海特级教师于漪的"一课三备"的方法进行。

第一步，教师个体备课，即每位教师在自己钻研教材的基础上，写出个人的教案。

第二步，教师集体讨论，即由某位教师担任中心发言人，介绍自己的备课思路和对教材的解读，其他教师共同研究解决疑难问题，对教案提出修改意见，达成共识。

第三步，教师备课微调，即该位教师在集体讨论的基础上根据自己班级的具体情况进行调整。在共同完成这个课题的过程中，教研组内资源得以共享，学科"领头羊"统率数兵，每一位教师则无论是在对教材、教案的研究上，还是在点评发言和协作的态度上，都洋溢着浓郁的主人翁责任感。如此的备课能无质量？教学效果能不提升？可见，从本质上看，通过教学团队或小组活动责任明确地分工协作与共同实现既定教学目标的过程，就是教师个体集体观念增强、荣誉感增强、责任感增强的过程，也就是在高效推进教学合作工作的过程。

2. 强化过程与成果反思，提升合作的工作效益

教学合作中的教学反思，就是分析教学技能的一种技术，是对教学活动本身尤其是对教学技能和教学方法的深入思考，这种深思使得教师能够有意识地、谨慎地、经常性地将技术层面的研究结果和教育理论应用于教学实践。

从教育教学的实践来看，中职教学反思是提升中职教学团队自身合作工作效益的重要途径。反思可以提高教师的自我监控能力和教学监控能力，改变教师自身实践中的无效能行为，减少教学合作的盲区、失误或损失，不断地丰富和完善自我知识或技能，从而提高教学团队合作的工作效益。没有反思，就不可能有教师专业知识的进一步完善和专业技能的进一步提高，就不可能有教学团队合作工作效益的进一步提升，也就不可能有任何深入持久的教育变革。只有具有反思的意识和能力，教师才能对自己所学的理论、所持有的信念、所面对的经验以及所实施的教学实践进行深入的审查与分析，才能超越理论的局限、观念的偏颇，超越经验权威的影响和控制，使自己的知识、理论或经验在碰撞与互动中不断升华，认知水平不断提高，从而成为反思型的教育实践者和不断发展的优秀教师。

由此，中职学校要建立一个高效的教学合作团队，应该做到以下几点：

第一，不断地通过反思教师教学合作的过程与成果，提高教学方法、手段与效果等方面的正反比较分析或前后对照分析，提高教师的自我认知水平，加深对专业知识的理解，促进教学研究能力，为教学合作效益的提升提供充足的专业条件。

第二，在合作背景下的激励与竞争中"吾日三省吾身"，强化自我教育意识，改善教师的心智模式，激发自主教育发展的积极性，不断提升个体专业修养水平，为反思准备坚实的思想道德基础，为合作效益的提升创造便捷的通路。

第三，中职教师要学会多角度、多视野地反思。从反思的内容而言，在教学工作上的反思中有：关于教育观念与教学艺术的，关于教学成功经验与失败教训的，关于教师本人教育教学方法的，关于学生学习方法的，还可以关于教学目标道德目标、情感目标、实践目标、重难点、手段、过程、总结、作业等。如果从反思的形式和性质上考察，教学反思不仅要独自进行反思，还要进行合作反思，要学会运用"扬弃"，辩证反思要学会批判性的思想、观念和方法，对自己和他人的理论、信念和做法进行批判和反思，剔除偏见、局限和蔽障，探寻和把握教学的本质和方法。

在专业教学中运用反思方法促进教师专业知识、自我认知水平、个体教学能力和专业道德修养水平的提高。在教学前反思该活动的设计理念、与课改精神的统一性、活动的准备情况、现有资源的使用、重难点处理方法等，通过多角度反思，可以使一些问题消除于教学活动之前，同时帮助教师树立正确对待教学活动的良好态度并养成习惯。在教学中反思教学目标、学生的主体性、学生疑问解答等，通过边活动边反思，教师就可以对整个活动过程进行有效调控，从而更好地达到教育的目标。在教学后反思教学对学生的实效，教学的优缺点及其形成原因、完善措施等，有助于提高教师的教学能力。教研组的教师人人自我反思、集体讨论反思有助于互相虚心学习，在共同长足进步中不断完善自我。

（三）营造民主和谐氛围，推动教学团队稳健合作

中职学校坚持自主平等原则、营造民主和谐的教学合作氛围，有助于教师教学合作的顺利实现，有利于教学团队的稳健合作与和谐发展。

1. 坚持民主平等原则，提高教师合作的积极性

坚持民主平等原则，有利于增强教学团队的凝聚力，保护和促进教师积极合作、主动合作，从而增强合作的稳定性。中职学校教学合作团队如果能够营造民主氛围与平等对话机会，真正尊重每一位教师，这样就有助于教师成为真正的合作主体，并使之在合作中乐于交流沟通，以主人翁的姿态积极主动交流沟通，敢于开诚布公、倾听他人心声或建议。

同时应该看到，也只有在民主平等的和谐氛围下，合作过程中的教师才没有任何行政压力，不用看任何领导脸色，没有任何思想包袱，才能在教学合作的任务中不左躲右闪、退避三舍、支支吾吾，才能在愉快地合作中畅所欲言地与其他成员交流与沟通。就是在这个民主平等的合作过程中，随着人际互动、自由交流或主动沟通交往，教师的人际交往能力不知不觉地在提高着。可见，良好的人际互动氛围可以发展教师与上下左右之间良好的人际关系，并能以此维系教学合作团队内部的良好合作关系，促进教学团队合作工作的稳定发展。

为此，一方面，在合作过程中，学校领导要平等对待每一位教师，相信他们有自己的经验和探究创造的潜能，需要在合作中尊重他们的创造力、思维方式，鼓励教师尝试错误，对教师的指导也必须建立在教师现有经验、见识和才智基础上，以增强教师参与团队的信心，建立良好的人际关系基础。另一方面，要宽容与包容。提倡冒尖与冒险，提倡互相学习，创设有利于每位教职工合作与共享的文化氛围。要了解教师的实际困难，尊重教师的人

格，鼓励他们发表个人见解，继续学习，提高业务水平，并在时间上给予合理安排、充分保证，在物质条件和经费等事务上予以保证和支持。只有这样，在民主宽松的环境中，教师才能够主动学习、积极合作、稳定合作、创新进步。

小案例

某职校的某教研组，早些年的一位教研组长脾气比较大，动不动就训斥人，俨然以老大自居，喜欢给人穿"小鞋"。每次教研组讨论都是他的一言堂，一些新老师和女老师都是"战战兢兢汗不敢出"。在这样的领导下面，谁敢发言？谁还敢进行自由交流？后来继任的一位教研组长比较和善、平易近人，每次讨论的时候他的点评都很中肯、一分为二。在他的领导下，新老教师都能很快熟悉，教研合作活动很有起色。由此可见，教学团队合作的稳定、成功与否，与合作的人文环境的和谐与否，与教学团队成员的积极与否相关。

2. 创造民主合作环境，促进团队同心协力合作

民主平等合作的氛围，能够很好地促进教师在和谐中集思广益，合作稳步更上台阶，能够有效地陶冶教师心灵，促进合作者的个性心理健康发展，减少教师在合作中的职业倦怠，促进团队同心同德合作。

（1）在和谐中集思广益，启迪思维创新，促进合作更上新楼。一般而言，教师创造性的发展取决于教师从合作团队其他教师那里获得的专业知识和人格上的支持。如果教学合作团队的内部关系紧张，教师个体感受到团体的支持和认可越弱，那么该教师就越依赖于自己过去的方法和策略；如果教学团队的内部关系民主和谐，教师个体在合作过程中得到其他教师的支持越来越多，那么，该教师就会敢于冒险和创新。这正如罗杰斯所认为的"适度的心理安全和心理自由是创造性活动的一般条件"，这句话的意思是：当人们感觉到自己在被人承认、信任、理解，受到别人尊重，同时意识到自己是自我的主人并可以自主决定自己行为的时候，那么，他的创造性才会得到最充分的发挥。

在中职教师团队合作过程中，通过和谐氛围中的交流和讨论，教师可以分享到自己不曾了解到的理念、经验，从新视野出发反思自身教学行为，从而获得有关教学问题解决的新的认识、收获、启迪，同时教师又集思广益、献计献策，从而同心同德地推动合作向更高的阶段或层次稳步发展。

（2）促进个性心理健康，减少教师合作中的职业倦怠。

第一，在中职教师团队合作中，教师的个性心理健康与否直接关系教学团队合作中的人心向背问题。因此，在教学团队的教研合作中，务必要营造民主和谐的教学教研气氛来熏陶教师，鼓励开展批评和自我批评，引导教师正确对待和处理批评与建议、表扬与鼓励、自我评价与互相评价、共同分享与共同成功的关系，努力训练教师个性心理的承受能力、耐挫能力、稳定能力，培养其更强的心理调适能力、自我意识能力、社会交往胜任能力，提高教师的自尊、自爱、自信，形成对他人的积极态度，促进内部的学习动机与成就动机、社会交往水平，全方位地提高教师个体心理健康水平，从而促进教师心想合作、心向合作，万众一心地推动教学合作工作的稳健发展。

第二，从某种程度上说，中职的专职教师存在不同程度的职业倦怠现象，特别是工作年限长一点的"老江湖"。此时，这位教师如果自己已经陷入孤立主义，就无法也不可能自己克服危机，于是其个体专业的发展也就不能实现。然而，在面对这种危机的时候，这位教师如果能够得到同事的关心、鼓励和支持，能够在相互支持与关心的合作文化氛围下自由表达其消极或积极的情感，倾诉失败与弱点，宣泄怨恨失望之气，表露喜爱之情，那么，他的厌倦情绪一定会减轻或慢慢消失。

为此，教师团队务必通过营造民主和谐的合作氛围，通过谈话走访关心和解决教师生活，建立和完善教师诉求通道，通过心理辅导疏通教师心理疾病，有效控制教师的职业焦虑或倦怠，净化心灵，升华职业道德，防止教学团队合作中的教师人心涣散、离心离德。

（四）健全合作长效机制，保障团队合作持续发展

中职学校教学团队合作的可持续发展，需要学校健全团队合作制度，完善多元合作的教学评价长效机制。

1. 制定完善的合作制度，保证教学团队合作的有序发展

第一，民主制定制度。没有制度的规矩也就难有合作的方圆。在现阶段的教师教学团队合作中，中职学校务必要落实民主平等原则，让教师参与合作，共同制订相关的教育教学计划，共同制定教学教法实施细则，共同制订教学考核方案等，不断提高教师个体的研究专业能力、教育合作专业能力和管理参与专业能力，以为中职教学团队的有序合作提供民主健全的制度保障。

第二，完善合作机制。没有具体配套措施落实的制度是画饼充饥。现阶段的中职学校，务必要完善和落实与学校合作制度配套的教师团队合作机制，诸如建立平等协商的民主机制，任人唯贤的科学用人机制，团结和谐的竞争机制和团队活动的监督机制等；务必要健全相关组织，加强引导和管理。由此，可以避免令出多头，或无人问津、无章可循、杂乱无章的合作混乱局面，可以保障教师团队合作权利和管理参与权利获得的有依可循，从而促进教学合作的有序发展。

第三，创建合作方式。没有创新就没有活力，也就不能可持续发展。在现阶段，中职学校要积极创新合作方式，采用引导和自愿相结合的方式，创建多层次、多类型的教研团队，诸如教研组、课程组、课题组、项目组、课改组等，大力引领教师以主人翁的地位积极参与合作，以主人翁的责任感积极参与教育教学管理，从而促使教学团队合作的活力永驻、有序推进、可持续发展。

2. 探讨落实教学评价机制，激励教学团队合作的持续发展

教学评价机制是影响教师合作行为取向的重要动力机制。科学优化、合理合情的多元合作教学评价机制，是激励教师合作的重要保证；只有真正落实了多元评价机制，才能为教师教学团队的合作提供重要的外部支撑力量，在有效地激励教师自身专业能力更好发展的同时，保障和激励教学团队自身合作的有序、持续发展。为此，中职学校要民主制定教学考核制度，优化教学考核标准，动态完善教学考核细则，健全全员综合评价体系，坚持个人考核与合作考核相结合，坚持过程与结果相结合考核等。

小案例

某市职业技术学校在近年的教学团队合作建设中，通过加大优化和落实多元合作教学评价机制的手段激励教师积极主动地有序合作，取得了良好的效果。例如，该校组织教学团队合作的教师共同参与制定定性和定量相结合的教师教学成绩评价标准《奖励性绩效工资分配实施办法》，并使该评价具体化和常规化，有效地促进了教学团队合作中教师参与合作活动的主动性以及教育管理参与的积极性。又如，该校在《奖励性绩效工资分配实施办法》中明确规定了旨在保障促进教师教学合作良性发展的奖励性绩效工资分配的四个原则：

第一，按劳分配的原则，即在定编、定岗、定员、定工作量的基础上，向工作量大、责任重的人员适当倾斜。

第二，优绩优酬的原则，即根据工作人员完成任务的质量分配，坚持向一线教师、骨干教师和做出突出成绩的其他工作人员倾斜。

第三，团队合作的原则，即不宜过于强调教师个体作用，应充分体现团队教研组、级组等部门全体人员工作的整体实效，促进形成互帮互助的局面。

第四，综合统筹的原则，即应综合考虑体现学校工作、教师工作的各个方面，不宜过于强调学校工作、教师工作的某个或几个方面，坚持定量考核与定性评价相结合。再如，该校在具体操作中，实行多元合作评价制度与奖惩制度结合的捆绑式评价考核制度，即把教师个人的教学绩效考核与对班级、对备课组和教研组等群体因素方面的教学绩效考核联系起来进行考核。由此，极大地刺激了教师合作的热情与工作干劲，同时也促进了教师自身的个体专业素质发展，从而推动了教学团队合作的和谐有序和稳定持续发展。

由上可见，面临着日新月异的经济形势，中职教育改革观念务必不断更新，中职学校教学团队合作的措施也必须与时俱进地不断创新。只有这样，中职学校教学团队才能真正地和谐合作，才能在合作中创造巨大的教育价值。

第五章
中职旅游服务类教师的职业发展途径

职业发展是指组织用来帮助员工获取目前及将来工作所需的技能、知识的一种规划。按照马斯洛需求层次理论，生理需要是人最低层次的需要，自我实现需要是人类最高层次的需要。这种需要要求最充分地发挥人的潜能，实现个人的理想和抱负。中等职业学校教师作为知识分子群体，相比较其生理需要、安全需要、社交需要、尊重需要而言，自我实现需要显得比较突出和紧迫。要实现中等职业学校教师自我价值，职业发展尤为重要。

第一节 职业发展概述

随着我国旅游业的快速发展，中职旅游教育越来越受到人们的关注，对教师的教学素质也提出了更高的要求。因此，提高中职旅游专业课教师的综合能力，促进旅游教师的专业发展显得尤为重要而迫切。

一、中职旅游教师职业发展现状

（一）教师职业发展概述

20世纪60年代以来，"教师专业发展"逐渐成为世界上许多国家教育改革与发展的核心。在我国，进入80年代后，尤其是在新课程背景下，教师的专业化发展一直是基础教育改革关注的热点问题。教师专业化是一个动态的发展过程，既包含教师专业成长的过程，也指促进教师专业成长的教师教育过程。教师个体是专业发展的主体，而教师教育是教师专业发展的外驱力。

这两条基本路径，前者是内在的、自主的、积极的，后者是外界的、强制的、被动的，但二者在教师专业化发展的进程中相辅相成，缺一不可。

古往今来，世界上没有一个国家不是从抓教师队伍建设开始抓教育的。因为，教师是立校之本，是一个国家教育发展的脊梁。一个国家的教师质量从根本上决定着教育的质量，进而决定着人才的质量、国家的未来。关注教师就是关注国家的前途和命运。

教师是一项特殊的职业，承担着教书育人的重任。"古之学者必有师"，《师说》开篇第一句便揭示了教师不可或缺的地位。君不见古往今来，曾有多少美好的词语赞美教师职业的崇高，多少动听的诗篇歌颂教师职业的伟大。古代大教育家荀况有云："国将兴，必贵师而重傅；贵师而重傅，则法度存。"别林斯基在《新年的礼物》中写道："教育者多么伟大，多么重要，多么神圣。因为人的一生幸福都操纵在他的手中。"如今，中国经济已融入全球化的大潮中，教育也必须与国际接轨，教师将成为一种国际职业，要能参与国际竞争。随之，社会对教师的职业越来越重视，人们对教师的要求也越来越高，加上社会发展和教育改革的需要，提高教师专业化水平成为必然。

自从国际劳工组织和联合国教科文组织于1966年提出《关于教师地位的建议》以来，教师职业的专门知识和特别技术问题一直受到世界各国的广泛关注。世纪之交，我国把这种价值取向概括为"教师专业化"。

其实，"教师专业化"指的就是"教师专业发展"，因为"化"就是"变化""发展"的意思。中华人民共和国成立以来，尤其是改革开放以来，随着教师队伍的不断发展以及社会发展对教师质量要求的不断提高，"教师专业化"思想越来越深入人心。早在1994年，我国就颁布了《中华人民共和国教师法》，其中第三条明确规定："教师是履行教育教学职责的专业人员。"这是我国第一部关于教师专业地位的法律。1995年，国务院颁布了《教师资格条例》；2000年，国家颁布了《〈教师资格条例〉实施办法》，更加具体、明确地规定了教师资格制度的实施办法，并从2001年4月1日起，在全国范围内开始了教师资格认定工作。这些法规与相关政策的相继出台，标志着我国对教师专业发展的认识和重视程度在不断提高。

目前，教师的专业发展，无论是在理论上还是实践上都成为国内外教育改革与教师教育所关注的焦点。在此背景下,"推进教师专业发展以提升国家人力资源质量"的观点得到了人们的广泛认同。但同时应当承认,我国是教师教育起步较晚的国家,与发达国家相比,教师专业化程度较低,教师素质有待提高,教师队伍的现状无法满足我国新时期教育改革与发展的要求。1993年中共中央和国务院发布的《中国教育改革与发展纲要》也明确指出:"振兴民族的希望在教育,振兴教育的希望在教师。建设一支具有良好政治业务素质、结构合理、相对稳定的教师队伍,是教育改革和发展的根本大计。"但长期以来我国教师教育改革的力度不够,师范教育在教师专业发展中起不到应有的作用。究其原因是多方面的,其中一个重要原因就是教师专业化界定不明确。

因此,在科学发展观的指导下,立足我国教育改革的实际,借鉴国外教师教育的有益经验,探讨教师专业发展的内涵、途径与方法,不仅具有理论价值,而且富有现实意义。

"教师专业化"的内涵是什么?理论界对此问题迄今没有一个明确的定论,但分歧不大。在英国,教师专业能力的领域主要划分为三大部分:①教师的知识;②教师的技能和能力;③教师的价值信念与承诺。这三个领域的能力对于教师的专业发展缺一不可,并相辅相成。在我国,教师专业素养是指教师在教师教育和教育实践中获得的,在教育活动中体现出来并直接作用于教育过程的,具有专门性、指向性和不可替代性的心理品质,是教师从事教育工作的心理条件。它主要包括:教育专业知识、教育专业能力和教育专业精神。教育专业知识是教师在教师教育和教育实践中获得的、直接作用于教育过程的实用性知识。教育专业能力是教师组织教育活动,对学生施加有目的有影响的主体行动能力。教育专业精神是教师对教育专业所抱有的理想、信念、态度、价值观和道德操守等倾向性系统,是指教师从事本专业工作的精神动力。

显然,教师专业化是个内涵不断丰富的过程。如前所述,早在20世纪60年代,国际劳工组织和联合国教科文组织提出的《关于教师地位的建议》就以官方文件形式对教师专业化做出了明确说明,提出"应把教育工作视为专门的职业,这种职业要求教师经过严格的、持续的学习,获得并保持专门的知识和特别的技术"。据刘捷博士在《专业化：挑战21世纪的教师》一书中的看法，教师专业是"一个形成中的专业"。他认为："要成为一个成熟的教育专业人员，需要通过不断的学习与探究历程来拓展其专业内涵，提高专业水平，从而达到专业成熟的境界。"从一定意义上说，顾明远先生关于教师专业化的论述颇为精辟。他在《教育现代化与教师专业化》一文中指出："教师的专业化至少包括以下几个方面：经过教师教育专业训练，取得教师资格证书；有较高的职业道德，敬业爱生；有终身学习的意识，不断进修学习。"

由此看来，对教师专业化的学术定义已经不少，但它的内在专业结构可以包括四个方面：一是强调专业知识；二是强调专业能力；三是强调专业精神；四是强调自我专业意识。这是一个成熟的教育专业人员应具备的四大专业素养，也是教师专业化的四大支柱。

（二）国内外旅游教育事业发展现状

1.我国的旅游教育事业

我国的旅游教育事业，是随着旅游业的发展于1978年起步的，已初步建立了一个以高等旅游院校、中等职业旅游学校为主，多类职业培训相结合的全国性旅游教育体系。地方院校特别是中等职业学校，就旅游教育如何根据自身特点、优势，为旅游行业培养出高水平高质量的管理、服务人员，参与旅游服务产业，支持地方经济建设等方面，对旅游服务类教师提出了更高的要求。旅游服务和管理人才的培养，不但影响我国未来旅游业发展后续人才的长远大计，而且决定着旅游业这一经济发展中最具活力和最具发展潜力的行业的未来走势和发展速度。因此发展旅游职业教育，培养应用性、实践性旅游人才的任务，便责无旁贷地落在职业学校教师的肩上。中等职业学校的旅游管理教育，除了与原有培养方针、课程体系、教学内容密切相关外，更取决于旅游管理教师的知识结构状况。加强旅游服务类专业教师的师资队伍建设，已是一项刻不容缓的任务。职业教育中旅游服务类专业师资队伍建设，是当前职业教育发展中较为薄弱的一个环节，也是发展我国旅游职业教育的"瓶颈"问题。合理优化的知识结构是旅游服务类专业教师素质的一个重要组成部分，对教师的成功教学起着决定性的作用。对教师知识结构的研究在西方早已是热点，而在我国研究较少，特别是对职业学校旅游服务类专业教师知识结构的研究几乎是空白。我国的旅游教育经历了从无到有、从小到大的发展过程。正规学校的旅游教育始于1978年，而零星的职业培训早在20世纪50年代即已存在，但由于起步晚、背景复杂等原因，旅游教育研究还有待深入和进一步提高。

2. 国外旅游教育事业

当今世界旅游业是集经济、政治、文化、艺术、历史、科技、民俗、地理、体育、心理等于一体的综合性产业。旅游业已是全球化进程最明显的产业，也已是超越政治、宗教、文化的差别，促进人类互相交往和亲和，促进各国人民互相了解和学习，具有蓬勃活力的产业。国外许多国家旅游职业教育教学也正是适应这样的趋势，不断调整和改善旅游教育教学，培养适应旅游市场竞争的专业人员。从世界范围来看，旅游职业教育经历了一个从重视职业教育到重视专业教育，再到职业教育与专业教育并重的过程。

（1）美国

随着旅游业在全球经济地位的逐步提高，美国对于旅游业的地位和作用也越来越重视。在美国，旅游企业之间的市场竞争相当激烈。如在芝加哥市区，一百万人口左右的城市就集中了二百余家星级饭店。为了竞争，饭店之间都在突出自己的特色，因而某一院校往往成为某一企业的理论思想库，从理论和人才输送上保持着与企业的密切联系。整个美国的旅游教育体系基本上可以分为两个大类：一是培养对象主要为实际操作人员，教学内容着重技能的训练，学制一般为两年；二是培养对象为管理人员，偏重于系统知识和基础理论，学制四年。在美国，教师实行资格证书制。旅游职业学校教师分为专职和兼职两种，其中大部分为兼职教师。在教学人员中，专职教师占36.1%，兼职教师占63.9%。学校在聘请教师时非常重视教师的直接经验。担任旅游课程的教师绝大多数都有在实际部门工作的经历，对所教内容十分熟悉，在教师的聘任上，拒绝缺乏实践经验的理论家。教师队伍包括：专职教师、不同背景的行业专家、饭店/餐馆业主和管理者、注册营养师、厨师、俱乐部经理和饭店业咨询师。校企结合，走产学研一体化的办学之路，是美国旅游教育中鲜明的办学特色,每年假期要求教师必须到相关部门、旅游行业第一线工作,让教师接触实际,关注行业动态,更新知识,不断提高教学、科研和实际操作水平。在美国培训和进修作为职业教师晋级的主要依据之一。

（2）瑞士

瑞士旅游教育主要为饭店教育,也是世界上最早开展饭店教育的国家。它传承了欧洲职业教育的办学模式,重视理论,更注重实践。与其他国家不同,瑞士的饭店管理教育由饭店协会创立,协会拥有2700多家会员饭店。自成立以来,瑞士饭店协会始终重视各个层面的培训。1893年,协会创建了瑞士洛桑饭店管理学校,随后,相继在全国建立了20多家培训饭店,以及仅用德语授课的烹饪学校,后来又建立了里诺士和THUN等2所饭店学校。以店为校育人,店校合一是瑞士办校的一大特色。饭店管理学校所有教师都必须具有良好的理论素质和行业背景,这有助于帮助学生全面掌握该领域的理论及实际运营。教师不能持续几年任教,要求从事三至五年的教学工作以后,必须再回到企业去从事实践工作。因此其教师职业的运行模式是：教室—酒店（或集团公司）—教室。这样的教学才能始终保持与行业的最前沿接轨,才能保证教师及时补充新知识,增强实践能力。

（3）澳大利亚

旅游教育在发展初期基本属于企业和教育机构的自发行为,但自20世纪70年代后随着旅游业地位的增强,政府对旅游教育的关注越来越多,澳大利亚可以说是一个成功的典型。在国际旅游业中,澳大利亚所占份额不断增加,旅游业在其经济中的地位已经超过了传统农业和采矿业,旅游就业人数占整个市场的9%。在澳大利亚的旅游教育领域,政府发挥着重要的引导和支持作用。澳大利亚学校旅游与接待业教育理事会自1992年成立,一直得到澳大利亚旅游部和澳大利亚研究局的大力支持。此外,代表旅游企业的最高行业协会的澳大利亚旅游理事会,以及由联邦政府资助的澳大利亚研究局、澳大利亚旅游研究理事会与澳大利亚旅游研究学院等组织也广泛参与旅游教育及研究活动。澳大利亚实施的是能力本位职业教育,对于专任职业教育师资,除要求必须具有丰富的专业知识外,还必须具有从事跨学科的教学能力,特殊教育能力,环境教育能力,运用现代教育信息能力，编写教学计划、讲授理论课和指导学生实践的能力。在澳大利亚，没有直接从大学毕业生中招聘职业教育教师的现象，学校的教师全部从有实践经验的专业技术人员中招聘，注重教师的专业技能和行业经验。新招聘的教师在进行教学工作的同时，还由学校提供资助到大学教育学院进行为期1~2年的学习，以取得教师资格证书。为了弥补职业教育师资的不足，还从有丰富实践经验的专业技术人员中按标准大量选聘、培养兼职职业教育师资。兼职教师不仅在其教学领域内有丰富的实践经验，而且都接受过正规的大学教育。

（4）英国

英国旅游教育最突出的特点是重视实践，强调教学、研究与实际相结合。英国旅游院校的教师，一般都有在实际部门工作的经历，专职教师较少，多聘请兼职教师和客座教授，兼职比重占到63%。被聘的兼职教师的课程很有特色，言之有物，生动形象，实用性强，可以把行业中新发展、新动态、新问题带进课程中，引进案例教学。而专职教师也在实业部门、管理部门兼职，承担项目研究，提供咨询服务，这样做也能把最新的信息带进课堂。此外，英国旅游职业教育中教师的培养模式也颇具特色。为了提高中职旅游管理教师专业素质，以达到提升旅游职业教育质量的目的，英国通过整合大学、旅游职业学校和企业三方资源，对旅游管理教师的教育与培训体系进行改革，形成了富有特色的"三段融合"与"三方参与"的培养模式。"三段融合"即改革原来职前、职后分离的两段式培养模式，转变为职前培养、入职辅导、职后提高三段融合的培养模式；"三方参与"即充分整合大学、旅游职业学校和企业三方资源，融合三者特色，积极推进旅游管理教师培养社会化。

第一，目前英国中职旅游管理教师职前教育的模式是：在大学接受教育，获取教师资格证书；在旅游职业学校进行教学实习，获得教学所需要的经验；到旅游相关部门的一线岗位工作，获得该行业最新的技术与管理技能。

第二，入职辅导，主要针对中等职业学校的新教师。新教师获得教师资格证书后就有资格接受长达3个学期的入职辅导，即学校挑选最有经验的老教师担任新教师的指导教师，对他们的日常教学进行指导和帮助，经考察合格后才能独立承担旅游专业课程教学的任务，否则需要重回教育部门学习。

第三，中职学校旅游管理教师职后培训的主要目标是提高在职教师的教学水平，同时满足教师个人职业生涯发展的需要。例如，有的教师需要提高自己的教学技巧和与学生的沟通能力，可以申请去指定的学校，通过相关培训课程获得专家的指导；有的教师缺乏对旅游业一线工作岗位技术要求的了解，可以申请去旅游相关企业接受职后培训。通过职后培训，促进教师的职业生涯发展，不断提升教师自身素质，提高教学水平和专业能力，进而不断提高旅游管理职业教育的质量。

发达国家旅游职业教育师资队伍整体素质比较高，专业基础知识扎实，适应性强，而且具有较强的动手能力和教学艺术，教学效果好。究其原因，主要是这些国家重视旅游职业教育师资的培养，概括起来有以下特点。

第一，旅游职业教育师资有严格的任职要求。发达国家都以法律形式规定职业教育师资的资格。实施资格证书制，这是保证职业教育师资质量的关键。

第二，旅游职业教育师资培养系统化。旅游职业教育师资在职前有专门的培养机构，根据现代社会发展的需要和行业特点有针对性地培养；职后有继续进修中等职业学校旅游管理教师知识结构的机构，不断更新教师的知识，提高教学能力以保证教学质量的高水平。师资来源不仅有稳定的渠道而且形成职前职后相衔接的培养体系。

第三，重视在职教师的进修提高。随着科学技术的进步，社会文化的提升，教师的知识需要不断地更新和扩充，这些国家都为教师创造继续教育的机会，使教师的专业知识随着社会的发展不断更新，以保证教学内容符合时代的需要。

第四，旅游职业教育师资培养的课程体系科学化。既能给学生宽厚的基础理论，又传授博深的专业知识和专业技能，以及培养学生的实践能力。

二、中等职业学校旅游教师专业发展的趋势

（一）发展内涵更加丰富

当前中职学校教师的培养培训模式比以往的传统模式更为专业。此前，中等职业学校教师培养模式没有根据职业教育的特点来设定；在培训上没有

从教师专业发展的角度去促进教师的个人成长，培养培训模式缺乏区分度。20世纪90年代开始，欧美国家在教育研究中逐渐用专业发展来取代传统的教师培养培训模式，通过借鉴人力资本理论及学习型组织理论的一些管理方法，来充实和丰富中等职业学校教师的培养和培训模式。

（二）发展目标趋向于"双师型"

以往中等职业学校教师的培养、入职、培训看重的是教师的学历和专业理论知识，培训路径较为狭窄，这导致教师在具体的实践和操作方面有所欠缺。目前中职旅游教育把"双师型"定位为教师的发展目标。

（三）知识结构从强调学术性知识到关注实践知识

在传统的教师培养培训体制中，一直都注重让教师主动或被动地接受大量专业理论知识，塑造具有外在教学能力的人，却并没有考虑到教师的内在发展这一问题。现阶段的培养培训模式正在转变，就是更加注重旅游教师自身的专业成长，也就是旅游教师的实践知识，主要包括在酒店、旅行社或者旅游景点的具体实践经验。在这种知识结构的引导下，旅游教师的专业发展将会趋于完善，旅游教师会得到更良好的成长。

（四）教师发展路径多元化

以往的中等职业学校教师的发展主要通过职前培养和在职培训的方式进行，途径单一。尽管各个学校也存在校企合作的形式，但真正到企业中去锻炼培训的教师为数不多。这种模式主要是在国家主导下，中等职业学校与企业合作，定期安排不同的教师进到企业去实习，但收效甚微。现在，许多中职旅游学校在与企业合作的同时，与高职院校和大学建立了合作关系，实现"双元"或者"多元"模式，不再局限于一对一的固定模式，教师专业发展路径的多元化已是大势所趋。

（五）教师评价兼顾学历与能力

以往的中等职业学校教师考核评价制度，通常会把学历放在较为重要的位置。一方面，中职学校想用此激励教师不断取得更高的学历；另一方面，利用这一点来提高中职学校教师队伍的教学实力。随着高学历人群的大量迅速增长，学历作为考核评价的一项，已经不能占据主导地位。学历并不代表一切，能力才是关键。要成为一名优秀的中等职业学校旅游教师，要真正提升教育软实力，还需要真正具备过硬的教学能力。教师专业发展的考核评价过程中，也开始逐步兼顾学历与能力两个方面。

职业教育的发展呼唤一专多能的个体教师，培养的学生要适应社会工作的需求。旅游教育的职业色彩要求其专业教学服从于旅游产业、行业及职业的发展需要。因此，建设一支知识结构完善、理论与实践协调发展的旅游教师队伍，是旅游管理教育提升质量的关键。就目前来看，中等职业学校旅游服务类教师的知识结构尚不完善，专业知识的点掌握得较好，基础知识的面略显不足，教学理论与技能实践还处于相脱节状态。所以，应着力做好教师的引进、培训、进修学习及深入旅游企事业单位调研实践等各方面工作。

第二节　职业发展途径

全国著名特级教师窦桂梅说："我认为教师的专业发展首要的是教师要有自我专业追求。正确的信念就是稳定的动力。教师的自我专业追求如果内化为信念，就不会被消解，从而形成坚毅、持恒的信念。"可见，自我专业追求是教师成长的"内动力"。

一般教师的发展大都经历过三个阶段：从师范毕业生到一个合格教师（教师适应期），需要5~8年时间；从合格教师走向成熟（教师成熟期），需要10~15年；经过成熟期以后，开始产生职业倦怠感（教师倦怠期）。如果没有"内外动力"的激励和推动，就难以迈入更高的境界，成为骨干教师、学科带头人及特级教师，无法实现教师的专业发展。

☀ **小资料**

窦桂梅，女，1967年4月出生，汉族，中共党员，博士。全国著名特级教师。从教于清华附小，现任清华附小党总支书记、校长。教育部"中小学教师国家级培训计划"特聘专家、专题课程主持专家。教育部基础教育课程教材专家工作委员会委员。教育部全国教师教育课程资源专家委员会小学教育工作委员会委员。教育部高等学校小学教师培养教学指导委员会委员。北京教育学院兼职教授，东北师范大学、首都师范大学兼职教授、硕士生导师，清华大学教育研究院基础教育研究所副所长。提名全国中小学中青年"十杰教师"，先后获得全国模范教师、全国师德先进个人、全国教育系统劳动模范称号，被评为"建国六十年来从课堂里走出来的教育专家"之一。2014年9月，窦桂梅带领语文团队获得首届基础教育国家级教学成果一等奖。

旅游服务类教师专业发展的途径，可以从以下三个方面进行分析。

一、政府宏观管理方面

（一）建立健全教师专业发展的法律法规保障体系

完善的法律法规体系是中职教师专业发展的有力保障，是确保中职教师专业发展规范化的前提。随着中考制度的改革，大量无法考入普通高中的学生走入中等职业学校，中职教育成为社会和家长共同关注的焦点。旅游业的发展需要对中职的教师质量和教学质量寄予了厚望。因此，如果想要引导中职教师走专业发展之路，还要制定具体可行的法律法规或条例，如严格中职教师资格认证制度并制定相关法规条例来依据实施；规范中职教师的入职标准，从源头上保障中职教师的整体质量；制定合理的教师考核评价制度，并严格依据执行；制定完善的奖惩制度，有效管理教师队伍的发展等。政府部门特别是教育管理部门，必须从教师专业发展的长远打算出发，切实为教师专业发展"量身定做"完善的法律法规保障体系，保障中职教师专业发展。

（二）营造有利于中职旅游教师专业发展的社会环境

社会对某种职业的观念会融于整个社会氛围之中，并影响这种职业的发展走向，影响人们对从事该职业的信心和兴趣以及为之努力的程度。当教师在社会公众心目中的职业形象较好，就容易吸引高素质的优秀人才从事该职业，教师队伍素质状况就能够得到改善。解决中等职业学校旅游教师的社会待遇问题，政府在其中扮演着核心角色并承担基本义务和责任。政府部门要下大力气进一步提高中等职业学校旅游教师的社会地位和经济待遇，吸引优秀人才进入高校教师的队伍，保证中等职业学校旅游教师队伍整体专业素养的提高。中职学校的薪酬制度应立足社会经济发展的实际情况，制订切实有效的改革方案，结合市场经济的特性，确定新的薪酬制度，以激励教师的工作积极性，促进中等职业学校旅游教师专业发展。

（三）加大中职旅游教师专业发展专项经费的投入力度

教师培养培训的顺利实施，关键要有经费投入这一保障。各地要建立以政府财政拨款为主、多渠道筹措为辅的经费保障机制；地方教育事业费和职教专项经费中，均要安排一定比例用于职业教育教师培养培训工作和基地建设，并做到逐年增长；要积极引导行业企业为教师培养培训提供人才、设备、技术、资金等方面的支持。各级政府应严格遵照执行教育部相关政策，确定适合本学校实际情况的薪酬制度，合理分配经费，为教师学习、培训提供必要的条件，保障中等职业学校旅游教师专业发展顺利进行。

（四）加强对教师培训的控制和管理

21世纪是知识经济和信息时代，终身教育与学习的理念及需求在逐步形成。旅游职业教育是终身教育体系的重要组成部分，教师既是终身教育和学习的组织者，同时也应该成为接受终身教育和学习的典范，满足自身知识更新、学习、接受新观念新技术的需求。做好规范性、经常性的知识性培训、学术性培训、教学性培训及职业技能培训和实践工作，是提高教师素质的有效途径。加强培训和实践锻炼是教师适应旅游职业教育发展变化，保持自己学术和技术权威的需要。就目前来看，旅游职业教育师资管理工作中依然存在重使用轻培养的问题，而且整个培训工作随意性很大，缺乏制度和规范。

（五）完善中职教师资格认证制度

关于中职教师资格认证制度的完善，首先，应强调其独立性，将中职教师资格证与普通中学教师资格证区分开，建立中等职业教育独立的教师资格认证制度。中等职业教育与普通中学有所不同，运用同一套教师资格认证制度不能做到具体问题具体分析；中等职业教育对于教师的要求和标准也与普通中学对教师的要求和标准有较大区别；中等职业教育在社会教育中扮演的角色越来越重要，对教师的要求也随着时代在变化，这个需要在教师资格认定制度中体现出其自有的特点。其次，应完善中职教师资格认证制度的标准，根据国家建设"双师型"教师队伍的要求，对中等职业学校旅游教师制定切合发展需要的标准，提升准教师的专业素质，促进教师的专业发展。

目前，职业旅游学校也有一批持有"双证"的教师，即教师持有教师资格证的同时，还持有行业技能等级证。但是，资格证书与实际能力的等值性存在不符的现象。为此，要规范专业教师的资格认证制度，要求各类选聘教师必须先获得教师资格证书，持证上岗，净化旅游专业师资队伍，从源头上为构建高素质合格旅游师资队伍创造条件。要建立一套有利于吸引人才，留住人才，人尽其才，能上能下，使人的聪明才智能够充分发挥的竞争机制。同时，还要更新用人观念，制定严格而又科学的择优汰劣考核办法，给那些具有开拓创新精神、业务能力强并热心于旅游教育事业的人才提供良好的工作氛围。健全旅游教育科研立项和评奖制度，通过培养旅游学科带头人，大力推进学科建设和教材建设以及旅游专业研究发展水平，用科研促进师资队伍整体素质的攀升。

二、中等职业学校方面

学校要为教师专业发展创设良好的外部环境和条件。教师专业化是一个动态和发展的过程，主要是指教师在严格的专业训练和不断主动学习的基础上,逐渐成长为一名专业人员的过程。这一发展过程的实现不仅需要教师自身主动的学习和努力,而且需要良好外部环境的创设。

应该指出的是,教师的专业发展不仅仅是政府和师范院校等教师教育机构的任务,更是教师任教学校的任务。因此,学校应更加注重在一个更高平台上有针对性地提升全体教师的专业水平,并针对不同年龄的教师,提出不同的培养与发展规划,努力提供和创设教师可持续发展的空间,引领教师不断走向专业化。

(一)构建学习型组织,增强教师自主发展能力

学习型组织能促使教师有效地进行相互的沟通和交流,即以分享为目的的教学交流。各教研组和年级组可定期举行研讨会,为教师提供合作的文化氛围,通过开放性的对话和讨论会启迪每位教师的思想;通过改善教学行为,利用同事的思想和良好的建议来提升自身专业发展。学校要树立教师科学的现代教育理念,有计划、有目的地对教师进行相关培训。通过考核评价、激励制度帮助教师树立正确的价值取向,激励教师通过自身的积极学习,提高自己的教育理论水平。同时,引导教师注意理论结合实践,在实践中不断探索研究反思。学校应有计划地培训教师的职业指导技巧、心理咨询与辅导方式,以满足学生的就业需要及心理健康需求。关注教师的心理健康和生存状态,帮助教师消除职业倦怠,寻找新的成长点。

教师职业倦怠的表现形式多种多样,主要包括工作上疲于应付、生活中郁郁寡欢、对学生缺乏热情、对未来不够关心,甚至对前途失去信心。如何从外在因素上做工作,从而在内在因素上产生作用,预防教师"职业倦怠"现象的产生,是学校和教育行政部门应该做好的工作。以校本研修为抓手,加强校际合作,整合优质资源,促进教师的专业成长。目前对于校本研修,提到最多的是"个人反思、同伴互助和专业引领"。这三要素,在教师的专业发展中一个也不能少。

学校通过各种途径为教师提供丰富的学习资源,要把教师人文素养培养纳入学校发展规划,作为全校教师学习的重要内容。组织旅游专业教师参加以中外优秀文化、科技创新、城市发展为主要内容的参观考察活动,陶冶情

操，体验人生。积极开展文学、历史、哲学、艺术等知识学习，丰富教师的精神世界。随着现代化信息化技术在教育系统内的广泛应用，有必要对教师进行信息技术的培训，有助于教师教学中科学运用现代化教学技术，促进教师个人成长。

（二）完善中职旅游教师入职标准、职前培养和在职培训体制

中职旅游学校在录用新教师时，必须严把教师选用关，在把知识储备、学历水平作为选拔基础的情况下，还应全面考察应聘者的综合素质。因此，中职学校在引进人才充实旅游专业教师队伍时，必须充分了解应聘者的素质，了解其职业志向，检测应聘者的职业道德和心理素质，是否能够耐心与青春期的学生顺畅地沟通交流。把适合从事教育工作的人送到合适的岗位上，才能有效促进教师专业发展。

中等职业学校旅游服务类教师的职前培养和在职培训会贯穿中等职业学校旅游教师的整个职业生涯，同时会对中等职业学校旅游教师专业发展起到重大甚至决定性的作用。教育部文件强调，应加强对教师培养培训工作的统筹规划，加大旅游教师的培养培训力度；建立高层次教师系统培养制度，引导和支持中等职业学校旅游教师采取在职进修、攻读学位、名师指导、社会考察、国内外学术交流等措施，形成多层次、多渠道、多方位的人才培养格局，努力造就一批具有先进教育思想、学识渊博、教学技艺精湛的教育名师，造就一批理论功底扎实、科研能力强、教学经验丰富、勇于开拓创新、善于理论联系实际的学科带头人，造就一批政治业务素质好、年富力强、锐意进取的骨干教师；构建校企合作的中职教师培养培训体系，完善师资培养培训基地校企合作机制，加强师资培养培训基地内涵建设。

（三）健全激励机制，促进中职旅游教师专业发展

激励机制是激励主体运用激励手段与激励客体相互作用、相互制约的结构、方式、关系及演变规律的总和。激励机制是中职学校将远大理想转化为具体事实的连接手段。教育部在《关于"十二五"期间加强中等职业学校教

师队伍建设的意见》中指出：健全教师管理制度，激发职业教育教师队伍活力。发挥本校名师、学科带头人的专业引领作用，完善带教制度。支持和鼓励青年教师参与各种形式的听课评课和教学比赛活动，建立让青年教师脱颖而出的机制。

中等职业学校应遵照国家相关政策，结合当地经济社会发展情况及本校改革创新的需要，积极探索有利于教师队伍建设和教师专业发展的激励制度，通过考核评价、培养培训、教师的表现等，给予教师合理的精神激励与物质激励，激发教师的自主专业发展意识，激发中等职业学校教师专业发展的活力，引导和促进中等职业学校旅游教师的专业发展。

（四）完善中职旅游教师专业发展的考核评价体系

科学的考核评价制度不仅能考察教师的专业发展程度，而且会引导教师认识自身不足，自觉走专业发展道路。教师专业发展本身就是一个发展变化的过程。因此，在对中等职业学校旅游教师进行考核评价时，应该用发展的眼光看问题，制定切实可行的发展性评价制度。发展性评价制度是面向教师未来发展和专业成长的评价制度。它融合了形成性、自主性和激励性三种评价。在评价过程中培养教师敬业精神，激发其工作热情，切实促进教师个人的专业发展。实施发展性评价要将发展性评价纳入现有评价，发展性评价不是为了区分如何奖惩教师，而是通过教师个人的发展计划及发展情况，对不同时期进行对比，促进教师个人的专业发展。要求教师特别是中青年教师制定个人专业发展规划。缺乏职业生涯规划的教师，其专业发展是缓慢的、自发的，也是盲目的。教师的专业发展规划，是对教师专业发展的各个方面和各个阶段进行的设想和规划，具体包括：教师对职业目标与预期成就的设想，对各专业素养的具体目标的设计，以及所采取的具体方法和措施等。建立教师成长记录档案，丰富教师评价的内容和方法，使教师能看到自己的成长过程。同时，学校也可以通过教师成长记录档案了解教师队伍的现状，为促进教师的专业发展和学校的可持续发展提供决策依据。另外，对于评价的内容需要进一步深化和细分，达到使评价真正促进教师专业发展的目的。

（五）促进"双师型"教师队伍的建设

中职旅游服务类专业的"双师型"教师应当具有旅游业或酒店业的实际工作经验，并且是兼具旅游专业理论知识的全面发展人才。教育部《关于"十二五"期间加强中等职业学校教师队伍建设的意见》中明确提出"依托普通本科院校、职业院校和大中型企业，继续建设一批'双师型'教师培养培训基地和教师企业实践单位"。中等职业学校应切实领会教育部文件的精神，制定一系列促进"双师型"教师队伍建设的策略，以专业为本、以实践教学基地建设为依托，与本科院校、高等职业院校及大中型企业建立良好的合作关系，依托当地资源和条件，完善教师专业发展的培养培训体系，促进"双师型"教师队伍的发展建设。

旅游职业教育教师既要能承担专业理论课程的教学，又能承担对学生职业技能、技巧的培训任务，这要求旅游教师必须将专业理论的学习研究与职业技能、技巧的提高相结合，成为"双师型"教师。旅游教育必须满足产业需求，只有与产业实践相关联，职业旅游教育才有根基。脱离实际产业需求，职业旅游教育就是空中楼阁。教师经常深入旅游企事业单位调研、实践锻炼，是熟悉社会职业需求，掌握并保持最新职业技能的有效途径。瑞士洛桑酒店管理学院就要求教师在学校任教三五年就必须回到旅游企业去工作一段时间，以不断丰富教师的经营信息，提高职业能力和技能，使每位教师的教学都始终与旅游行业接轨，学生学到的知识和技能都是最新、最有用的，同时也使教师的科研走在行业最前沿。因此，旅游职业教育教师必须经常走出校门，深入旅游企业界调研或直接进入企业工作一段时间，真正做到将理论与实践紧密结合起来，这样才有利于自己职业能力和职业技能的提高。有条件的学校可以外派教师去国外学习。国外的旅游教育无论是在理论上还是在实践上都比国内起步早，较为完善，外派教师去国外进修，学习国外先进的旅游教育理论，并努力与中国国情相结合，实现"洋为中用"，从而更好地促进我国职业旅游教育的发展。

根据旅游专业应用型和实践型较强的特点，职业学校旅游服务类专业师资队伍培养和建设应该走产学研相结合，以专职教师为主，适当选聘具有一定专业特长的企业管理和经营人员为辅的道路，形成开放的、多层次用人机制。一方面让专业课教师到企业实践或兼职，有效地解决师资理论脱离实际的问题，加快科研成果直接转化为旅游服务生产力的进程。另一方面，随着我国大规模推行旅行社经理资格认证制度，饭店中层管理干部岗位资格制度和导游等级评定制度，使一批既有理论基础，又有丰富实践经验的旅游服务和经营管理人才脱颖而出，学校可以选聘他们作为兼职教师，承担一部分专业选修课和专题讲座任务，例如现场导游技巧、旅游公关技巧、突发事件处理等。来自旅游业第一线管理人员的现身讲授，能使学生学到许多课本上没有的知识，收到良好的教学和培训效果。同时，也有助于专业知识与企业实际操作技能结合，专兼职教师相互促进，互相提高。

教育不能踩在云端，必须脚踏实地，因此教师应具备足够的实践性认知。目前教育研究界提供的理论和原则大都脱离实际，不能满足教师日常工作的需要。地方教育领导者提供的教育教学指导又过于单一、机械，忽略了教师工作的复杂性、动态性和审美功能。如果教师的实践性知识得到开发，将能更好地与外在理论相结合，为教师提供更具体、有针对性的指导，更好地发挥教师的个性特点，扩大教师的创造空间。因此，教师从新手成长为一个成熟的教育工作者，这一过程不单是在学校就可以完成，教师的实践性认知在其中起到决定性作用。重视校本教师的实践性培训，在已有资源的基础上建立教师自我专业发展的有效机制，将是一项长远任务。

三、教师个人发展方面

（一）自主发展

教师专业发展问题，归根结底是教师的自我意识问题。如果一个教师自己没有专业发展的需求，那么再好的外部环境和保障条件都不可能发挥作用。换言之，没有教师的主动参与和自主发展，就没有教师专业发展。所谓"自主"，就是自己自觉、主动地去追求个人目标。对于教师来说，"自主发展"是一个自主学习、自我完善、自我超越的过程，它和"他主"的发展并不是完全对立，在"他主"发展中教师也应该具有自主的意识，即在教师培训等

"他主"活动中，教师应该发挥自主意识，积极主动地投入各种有利于自主发展的活动中。

由此可见，教师"自主发展"是有具体的内涵的。研究表明，它不仅仅是一种意识，更是一种教师的发展方式。金美福博士在《教师自主发展论》中将教师自主发展理解为教师的一种生存方式，是很有见地的。现在需要深入探讨的问题是，"自主发展"作为教师的一种生存与发展方式，它是由哪些要素构成的？

基于新课程改革和教师专业化的背景，学习、研究、实践与反思等是构成教师"自主发展"的核心要素，也是实现教师自主发展的重要途径。

1. 学习是实现教师自主发展的"阶梯"

读书与学习，在人的生活中非常重要。《论语》的第一章"学而"讲的就是人为什么要学习。今天，终身学习已不再是一种理念，它已成为一种行动。对于个体来说，学习是生活，学习是工作，学习更是一种责任，是人生命中的重要组成部分。教师作为"学习共同体"中的"首席"，在成长的过程中，一辈子都需要学习、提高。学习是教师润泽一生的最积极、最有意义的活动。教师不学习，一切都成为无源之水、无本之木，更不要说创新与超越了，可能连最起码的教书育人的底气都没有。因此教师要养成时时、事事、处处学习的习惯：向书本学习、向同行学习、向自己学习、向学生学习。于漪老师说过："现代教学中，教师的教跟学生的学在一个平面上移动，学生是不服你的！你一定要棋高一着，也就是说在深度上要挖掘，在广度上要开拓，你对学科发展的前沿、对学科的走势、对学科的来龙去脉要有所了解。"作为一名教师，只有做到"学而不厌"，才能保证教学的丰富多彩，才能创造有生命、有活力的课堂。

2. 研究是实现教师自主发展的必由之路

教师要获得专业发展，必须走教育科研之路。需要指出的是，教育科研不仅是一些专家的专利，一般教师也有自己的"话语权"。因为教师工作在教学"第一线"，其中有大量的教学感性认识，有丰富的实践经验，有鲜活的教育教学案例，这些都是开展课题研究最有力的支撑。作为中职教师，研究要与自己从事的教育教学工作结合起来，研究教学，研究管理，研究课改，研究学生。

3. 实践是实现教师自主发展的有效载体

把学到的东西运用到工作中,这一点非常重要。特别是教师,任何时候都要把读书学习包括研究所获得的知识、成果和能量转化为课堂智慧。教育教学实践活动是教师实践性智慧生成的重要沃土。离开了教育教学实践,就没有教师的实践性智慧的生成和发展。在当前的课程改革中,并不缺乏先进的教育理念,所缺少的是具体的对这些理念的运用、操作和探索。真正被大家所接受的高水平的优秀教师,基本上都是在立足于个体优秀教学经验的提炼、概括、总结中,即在实践性智慧的提升过程中,逐步形成一套自己完整的教学主张并为大家所接受。因此,在工作中,应当大力强调实践性智慧的重要性,让教师关注自身的实践性智慧,再一次回到实践中来,在实践中发展,在实践中提高。

4. 反思是实现教师自主发展的"助推器"

教师的工作需要探究,需要实践,更需要反思。善于反思是教师专业化的核心要素。教学反思不是什么新鲜事物,也不是因为关注才出现的。先圣孔子说过:"学然后知不足,教然后知困。知不足,然后能自反也;知困,然后能自强也。"可见,自古以来,为师者就有反思的传统。教师的成长离不开反思。波斯纳于1989年提出了一个教师成长的公式:经验+反思=成长。一个人或许工作了二十年,如果没有反思,也只是一年经验的二十次重复。不少学者认为,反思的最好方式,就是诉诸文字。写教育日记,可以使散乱无序的想法上升为较集中、较理性的思想观点,对教师实践的反思和智慧的提升有巨大的促进作用。在新课程的背景下,反思,可以让教师沉静下来,不再被一天的繁杂琐事所困扰;反思,可以让教师发现不足,渴求新知;反思,可以让教师从看似机械地重复中感受激情和幸福。当教师的教学反思成为一种自觉和习惯后,这样的教师离优秀教师已经不远了。

总而言之,教师专业发展不是一个轻而易举的过程,而是一个长期的、充满着困难和艰辛的过程,需要内外动力的激发和助推。从科学发展观出发,必须认识到,外部环境是教师专业发展的平台与保证条件,自主发展是教师专业发展的内在需求和关键因素,二者相辅相成,缺一不可。

（二）旅游教师专业发展途径

中等职业学校的旅游专业教师必须具备众多相关学科坚实的基础知识，经过职业经验的训练，参与管理，在个体上整合提升应用能力和创新素质，并最终返回到教学课堂。其专业发展途径主要有以下几个方面。

1. 树立积极正确的专业发展观

中等职业学校旅游教师应树立积极正确的专业发展观，应对自身有一个正确的、专业的、理性的认识，对自己的职业有充分的认识并加以认可，提升专业自尊感，这是确保中等职业学校旅游教师专业发展的基本条件。首先，具有较强的自主专业发展意识。教师专业发展归根结底是教师自身的发展，促进教师专业发展的关键在于激发其主动性，养成教师自主发展的意识。要让每位中等职业学校旅游教师意识到自己是职业发展的主人，要积极学习旅游专业理论知识，参与旅游实践活动，利用社会与学校提供的资源促进自身专业发展。其次，提升专业认同感和专业满意度。中等职业学校旅游教师应树立积极正确的专业认识，积极参与教师各种培训活动和实践活动，认真努力学习和提高自身的专业知识、实践技能，优化自身知识结构，通过充实和提高自己，提升对自身专业的满意度和认同感。同时，在教学过程中，关爱学生，与学生建立良好和谐的关系，有助于教学的同时，可增强教师自身的成就感和荣誉感，从而增加教师对自身职业的满意度。

2. 勤于钻研业务，不断提高专业发展水平

教师在专业发展过程中，要让自己成为自身专业发展的主人，掌握发展的主动权，超越自我、实现自我。教师要注重专业理论与专业实践技能相结合，培养教师自身的双师素质，提升教师自身的专业发展水平。在专业发展过程中，一方面，中等职业学校旅游教师应秉持专业为本的原则，在学习和培训过程中，紧密结合本专业，参与旅游培训活动，对自身提出明确的要求，走中等职业学校旅游教师专业发展之路。另一方面，勤于钻研业务，做学习型教师。中等职业学校旅游教师应更注重旅游实践能力的锻炼，多与旅游业内人士交流沟通信息，取长补短，开拓自己的思维，丰富知识结构，获取更多的旅游行业发展的信息。多阅读关于职业教育方面和旅游专业的书籍，加深自己对中等职业教育的认识,掌握更多的教学技能,形成具有自己风格的教学方式。中等职业学校旅游教师要通过多种方式的学习,促进自身的专业发展。

一个出色的旅游专业教师,必须熟悉我国旅游业发展的方针、政策和法规,掌握这门学科的基本事实、基本原理,准确把握整个体系,并达到一定的理论深度,懂得这门学科的学习和研究方法,具备有关旅游管理问题研究的定性和定量分析能力,并能独立运用旅游管理理论分析和解决实际问题。时代的发展日新月异,社会行情瞬息万变,旅游管理教师一方面要灵活运用本学科的专业知识,还要通晓专业知识的发展史,了解它的过去、现状和发展趋势,准确解释它的社会功能和作用,并能用本学科的专业知识去分析、解答学生的疑点难点,不断更新自己的学科知识,使自己的教学具有时代性、预见性,提高教学效率。另一方面,要使自己的学科知识更层次化、系统化,在教学中使学生更好地掌握这门学科的基本结构,且能融会贯通,举一反三。事实早已证明,越是精通专业学科知识的教师,在教学中越能深入浅出、游刃有余。学生亦能因为好的教师产生好的学习成果而建立起强大信心,增强学习的兴趣。

旅游服务业又是一个涉外行业,涉外服务是其重要的内容,它要求有关的服务管理人员要有熟练、精湛的外语会话能力。我国现阶段旅游饭店和旅行社中,外语出色的人才往往是外语学院的毕业生,而真正旅游院校的毕业生在外语方面却显得力不从心。这在某种程度上与旅游服务类专业教师外语水平欠佳有很大关系。在中等职业学校,不同专业有不同的专业英语教材,旅游专业选择以导游英语、餐厅英语、客房英语为主的相应教材。如果每位教师都具有较高的外语会话能力,在日常教学过程中能经常地使用外语情景会话,这样既能使学生得到真实的感性认识,又能循序渐进地提高外语水平。中等职业学校的各专业学生,特别是旅游专业的学生,毕业后很可能到外企、旅游部门或涉外宾馆工作,听力和口语的培养尤为重要。在这方面,旅游专业教师应始终把学生的听说能力培养放在第一位,把实际会话当作技能训练,而不是知识的传授。教师要努力营造一个相对宽松、和谐的英语环境,调动学生听英语、说英语的积极性、主动性,以培育适应旅游业发展所需的懂英语的从业人员。学生的口语和听力能力得到了锻炼，就能增强他们的自信心，在以后工作的英语会话中便能轻车驾熟。

3.深入企业，实际提高专业实践能力

马克思主义哲学告诉我们：内因是事物发展的根本原因。这也启示我们：教师专业发展的关键在于个人，而个人要想取得长足的发展，就要到实践中去。作为中等职业学校旅游教师，要具有较强的专业实践能力与知识才能够胜任这份工作。中等职业学校旅游教师应积极参加学校组织的实践活动，珍惜每次实践机会。此外，还应多为自己创造参与旅游行业第一线的实践工作，在实践中检验自身理论知识的同时，积累行业经验，得出新的认识。无论采取何种形式的实践，教师都应该紧紧围绕促进旅游教师专业发展这一条主线，按照教师发展的规律，不断促进中等职业学校旅游教师专业发展。

职业教育具有鲜明的专业技术性，重在养成学生实际操作的知识与技能。旅游职业教育的一大特色，就是向社会输送的毕业生具有较高的管理和实际操作能力。所谓名师出高徒，假如教师本身的操作技能就不过硬，怎么去教好自己的学生？教师在实际操作中，要首先领会动作要领，而后勤练、苦练、达到熟能生巧。只看书本而不是亲手去做，绝对达不到过硬的操作技能的要求。其次，不能单纯地埋头苦练，应苦练加巧练，多动脑筋，慢慢体会其要领，找出窍门，方可运用自如。例如，客房做床训练，是学生应掌握的最基本操作技能，要求学生甩单一次到位。作为教师，在讲课做示范动作时，就首先要达到这一标准。如果不下苦功夫是根本达不到的，同时在反复练习的基础上，还要仔细地品味，从中悟出关键点。例如，甩单时如何用力，如何掌握甩下单后把床单往后拉的时机等。只有这样，动作才能准确，在教学中才能教好学生，提高学生动作技能、技巧的准确性。另外，要进行实战演习，切忌纸上谈兵。通过反复训练、深入钻研，教师在理论和实际操作上都会有一定的功底。但这并不足以胜任旅游专业的教学工作。显然，教师应该以脱产或兼职的形式到饭店宾馆等实际岗位去亲自体验。书本上的理论知识，要通过实践来加强理解，操作技能要通过实践来得以真正掌握。只学理论知识，没有实践工作技能，缺少对旅游业的实际感性认识，不能称其为合格的旅游专业的教师。在实践中，一方面可以了解饭店的设施设备，接待服务程序；

另一方面，还可以了解饭店管理，学习一些基本操作技能，同时把自己掌握的知识和技能，在实践中进行验证、巩固和熟练。通过到第一线的锻炼，在今后的教学中，教师给学生传授的知识才会生动丰富，而不是刻板教条。例如，客房清扫是旅游教学中的重点，这一工作对饭店十分重要。客房是客人的"家中家"，它是饭店向客人提供优质服务最重要的体现。因此，客房清扫是每个学生必须掌握的最基本内容。这就要求教师对此首先能熟练掌握。如果不到饭店亲自实践一下，体会清扫中各个环节的步骤、顺序的衔接，体会如何能在清扫中省时省力又能保证质量，是很难胜任教学工作的。况且在实际操作中，可能会出现许多课本上没有的问题，这就要求教师在实战演习中去解决，再教给学生。获得了第一手资料，自己的教学工作游刃有余，所教的内容才会有血有肉，学生能轻松自如地掌握，产生良好的教学效果。

同样的道理，旅游服务类专业教师还应是旅游服务和管理的行家，特别是在一些专业技术性较强的操作课教学中，如餐厅的摆台、斟酒、调酒，宴会的接待，旅行社的组团及导游示范、突发事态的正确处理等，都要运用自如。这样，旅游服务类教师既有理论又能动手，又能讲解又能示范，才可以正确而迅速地解答和处理学生提出的各种实际问题。在教学实践中，独具匠心的课型设计、新颖直观的教学方法、灵活多变的教学组合，也能增强课堂的吸引力，加深学生的印象，增强其对旅游服务工作的兴趣和信心，从而收到事半功倍的效果。

4. 以课堂为阵地，创新教学理念

第一，重视知识的传授。中职生往往是在初中阶段学习不好的学生，他们的知识储备远远不足，尤其是在文学素养和英语学习上问题较大。所以中职旅游教学中不能忽略学生的知识的学习，因为他们将来面对的工作就需要学生具有很高的文化修养，甚至是较高的外语能力。为此，中职旅游专业的教学，总是以课堂为阵地，重视对学生知识的传授，采用生动活泼的形式让学生爱学知识，乐学知识。同时也应狠抓学生的英语学习，在校园中设置英语角，鼓励学生经常到英语角和同学、老师进行英语对话，在实战中强化自己的双语表达能力。

第二，注意德育渗透。当今中职生思想品德的主流是积极向上的，他们文明友爱，团结互助，但是部分中职生的行为习惯则较差。中职生中还存在着一个普遍的现象，就是缺少远大的理想，总是看淡自己的前途，以为自己成绩差，没有考上高中才到职业学校来读书的；以为进入中职，就是末等公民，感到自己前途茫茫，意志消沉，不思进取。针对学生中存在的这些思想问题，教师要对每一个学生都进行思想教育，把这些孩子从已经滑坡的思想中拯救出来，重塑他们的灵魂。作为一名教育工作者，要有一颗慈母之心、严父之心，爱在当爱处，严在当严处。关怀爱护每一个学生，你对他关爱，他们才能对你信任，才会尊敬你、喜爱你，愿意和你交朋友，把心里话讲给你听。

第三，多元化考核机制。在教学内容上要扭转过去只重视理论学习，忽略应用性培养的现象；改变过去那种让学生"死记硬背"就能过关的教学行为，代之以应用性技能的考核。课程内容设置应该多元化，多开发实用性课程，激发学生的潜能，应开设美术、音乐、文学鉴赏等课程以提高学生的修养和艺术才能。

第四，以人为本。让学生愿学、爱学、乐学，让学习成为中职旅游学生主动的行为，让学生感觉到中职旅游的学习是一件快乐的事情。这就要求中职旅游专业的教师既要了解旅游发展的最新形式，不断更新教学内容、教学理念，又要改变过去的教学方法，尊重每一个学生独特的个性和具体特征，因材施教，为每一个学生发展创造合适的空间。

第五，以情境教学为主导。注重学生实践运用能力的培养，经常给学生身临其境的感觉，能根据相关资料，了解不同地区的自然、人文环境及理解区域间的差异，模拟旅游，让学生根据自己的兴趣爱好自选"旅游考察地"，自己当游客，自己当导游，自己评导游，自己撰写导游词，自己快意表达，从而提高学生的学习兴趣和探究欲望，在"模拟旅游"中增强自己的导游本领。

第六，努力成为"双师型"教师。中职旅游专业既需要知识水平高的教师，也需要实践本领强的教师，高水平的"双师型"师资队伍是高质量教学效果的保证。中职学校应鼓励旅游教师去酒店、旅行社等地方实践，提高自己的整体素质，适应学校教学要求。

第七，加强旅游业理论和人才支撑。2021年12月，国务院印发的

《"十四五"旅游业发展规划》中指出：优化旅游相关专业设置，推动专业升级，完善旅游管理类专业教学质量标准，大力发展旅游管理硕士专业学位研究生教育，加强旅游管理学科建设。促进旅游职业教育高质量发展，健全继续教育机制。推动数字化课程资源建设共享。健全适合红色旅游、乡村旅游等发展特征和需要的从业人员培训机制，加大旅游业领军人才、急需紧缺人才和新技术、新业态人才培养力度，打造一支与旅游业发展相适应的高素质人才队伍。整合政府部门、企业、院校、行业组织等资源，完善旅游人才培养、引进、使用体系。

近年来，旅游业快速发展，带来知识的不断更新，促使行业内的新知识、新事物不断涌现。从短短的十几年里，旅游类型由传统的较单一的观光旅游发展到现今的购物旅游、会议旅游、医疗保健旅游等众多类型。同时，旅游业具有高度的敏感性特点，受社会政治、地区经济、政策法规、交通状况等因素影响极大。这些都要求旅游教师关注旅游业的发展，保持敏锐的洞察力和快速反应能力，及时学习并捕捉旅游业的变化，并有针对性地调整教学内容以适应新的环境。再者，旅游业是个多变的行业，新观念、新标准层出不穷。这种变化无章可循，只能根据时尚信息和消费大众的感觉来评定。这就要求旅游管理教师关注行业前沿信息，虚心向有经验的同行取经、求教，掌握最新知识，把本行业最新的变化动态介绍给学生。教师通过对旅游行业进行调研，了解旅游行业的发展变化，瞄准最新需求，并根据获得的相关信息调整教育教学活动，使旅游管理教育更贴近市场，符合市场需求，从而进一步拓宽学生的生存和发展空间。由此，学生从教师这里得到的知识是本行业最前沿的信息，学生从教师这里学到的是符合最新市场需求的技能。另外，对书本上尚未列及的知识，教师也应补充给学生。要做到上面这些并不容易，旅游管理教师需要与不同地区各类型的旅游经营单位保持密切联系，随时观察到行业中的新变化，并延伸到课堂上，使自己所教授的知识既具体实用又具有较高的含金量，这对提高课堂利用率极为有益。特别是对一些有争议的、尚无明确结果的观点，教师要敢于阐明自己的看法，并引导学生进行思考和讨论，这对提高学生分析、处理问题的能力大有裨益。因此，旅游专业教师应具备敏锐的观察力、迅速的采撷力、大胆的传授力、深刻的思考力等多种能力。只有这样，教师才能居高临下地驾驭教材，在教学活动中深入浅出、游刃有余，使学生学以致用，在今后的激烈竞争中立于不败之地。

5. 良好规范的职业道德

旅游业是充满际遇和挑战的行业，对从业人员素质要求很高。教师应能够客观认识旅游业的环境，并以旅游业从业人员的素质要求自己，为学生树立良好的榜样。毋庸置疑，从事旅游业能够带给人很多机会，如从业人员要与形形色色的人打交道，能够学习各种国家先进的文化，锻炼个人交际能力，塑造自己多彩人生等；同时，旅游业也充满挑战。

第一，从事旅游业对于从业人员的心理冲击很大，服务性的社会角色难以适应。旅游业的工作经常是客人坐着你站着，客人吃着你看着。对于这种落差，人们很难从心理上真正接受，对于学生来讲更是缺少心理准备。这在很大程度上也是导致学生毕业后很快跳槽的一个原因。金钱及不健康思想意识对旅游从业人员的冲击也很大。旅游业经常会接触到一些物质很丰富的客人，也会遇到一些存在不健康思想意识的客人，直接面对他们有意或无意的诱惑，如果没有过硬的思想道德素质，对于年轻学生来讲，很难不受其影响。旅游从业人员要有敏锐的观察判断能力和很强的应变能力。这就要求从业人员平时认真学习、深刻领会党和国家的各项重大的方针政策以及发展旅游业的政策法规。由于旅游行业接触的消费者非常广泛，作为旅游专业的教师，要从旅游行业的角度去看待旅游教育，有一个正确健康的心态。旅游专业教师应培养热情开朗的性格并具备良好的公关交际能力。同时在教学中，通过自己的言传身教及语言魅力，潜移默化地感染学生，使他们努力培养这些良好的素质，为今后工作创造有利的条件。另外，教师应善于引导学生交流学习心得，开阔视野；加强同旅游一线各行业的联系，建立一些实习基地，鼓励学生走出校门，参与实际的沟通交流，增长见识，积累经验，这对教师教学很有帮助，教学与实习相辅相成，相互促进。

第二，从事旅游业工作非常辛苦。无论是酒店还是旅行社，服务的宗旨是顾客至上。旅游从业人员在工作态度、工作时间、工作效率方面都尽量以赢得客户满意为前提。工作时间长，劳动强度较大，灵活度要求高，态度要求要好，几乎成了旅游业就业环境的代名词，因而作为从业人员应该培养无私的奉献精神以及劳动观念和服务意识，只有这样才能作好本职工作。在日常教学中，教师对于以上内容的认识和讲授固然重要，但如果把认识和讲授的内容融入教师的日常行为中，对学生就会具有极强的感染力和榜样作用。因此旅游学校教师本身应加强这方面的修养，在平时的授课和待人接物中表现得思想端正，儒雅大方，谦恭宽厚，乐于助人，不计个人得失，创造出一种积极健康的服务氛围。在这样一种氛围里，学生会耳濡目染，感受这种气氛的影响，在自然而然中形成这样的素质。鉴于此，旅游服务业对从业人员职业道德的严格要求，不是从学生毕业时才开始树立的，必须在学校的学习阶段就牢固树立和培养起来。"学高为师，德高为范"，作为一名旅游教师，就必须具有良好的职业道德，明白身教重于言教这个道理。教育工作本身就是教与育的结合，所以教师在教人的同时更应育人，教师的举手投足间都具有一种无形的感召力。很难想象，一个不修边幅、不拘小节、不讲礼貌的教师能培养出具有良好职业道德的专业人员。所以，教师职业道德的树立必须先行于学生，并在日常行为规范中严格遵守。只有这样，才能为人师表，给人以潜移默化的影响。

教师的工作像蜜蜂酿蜜，需要博采众长。教师工作不能满足于单调重复、实践性极低的传授知识的活动，教师必须具备完善的知识结构和实战性教育活动的能力。一个人能力的大小首先取决于他的知识的多寡、深浅和完善程度。再者，能力的提高与发展不能在知识的真空中进行，必须依托特定的知识和经验。合理的知识结构将有助于教师能力与创造力的发挥与发展，它是教师综合素质的基础。要提高专业教师的师资水平，必须构建合理、完善的知识结构。

旅游职业教育是一个全面综合的过程，作为一名旅游专业的教师，其任务相当艰巨。只有加强职业学校旅游教师整体素质的培养，优化其知识结构，才能为旅游教育事业积蓄后劲，为我国旅游业的发展输送合格人才。旅游教育的行业特征决定了从事专业教学的教师必须有较强的"旅游专业教师"角色意识，他们既是教师，也是旅游从业人员。不能设想，一个既不懂得一定操作技能，也没有经营管理经验，教育方法上又没有独到之处的教师，能培养出理论与实际操作相结合的专业人才来。因此，教师在是"老师"的同时，也应该是一名出色的"管理者",一名合格的"服务员"和一名称职的"师父"。

苏霍姆林斯基在《给教师的建议》中曾讲过这样一个故事:苏联一位资深历史老师上了一节公开课,许多同行和教育部门领导都来听课。大家本来打算在课堂进行过程中做点记录,以便课下提些意见,但出人意料的是,这位历史老师的课上得精彩极了,一个个听得入了迷,竟连做记录也忘了。课后,一位同行迷惑不解地问这位历史老师:"你花了多少时间来备这节课?不止一个小时吧?"这位历史老师回答道:"对这节课,我准备了一辈子。而且,总的来说,对每一节课,我都是用终生的时间来准备的。不过,对这个课题的直接准备,或者说现场准备,只用了大约15分钟。"这个故事告诉我们:为师的境界,是需要终身学习和修炼的。

有人说过,名师也是名角。京剧界的梅兰芳有自己独特的表演风格、表演理论体系和传人弟子。名师也有自己的教学风格和精湛的教学艺术,他的价值观、生活态度,会在学生中传承、延续。例如,斯霞、李吉林、于永正、魏书生等许多教育名家出神入化的课堂调控、点拨与适时的评价、反馈艺术,等等,都深深地烙上了他们个人鲜明的性格和气质特征。他们独具特色的风格,让人欣赏;睿智深邃的思想,给人启迪;宁静致远的心境,更显生命的可贵。

时代在发展,人们的观念也在不断变化。"不想当将军的士兵不是好士兵",不想当名师的教师也绝不是一个好教师。与名师相比,中职旅游教师缺乏的并不是聪明才智,而是可以改变的非智力因素,包括终身学习的理念、学会反思的习惯以及追求卓越的精神等。尤其是在教育全球化的背景下,作为人类灵魂的工程师,不能仅仅把教师这一"太阳底下最光辉的职业"当成谋生的需要,而是要把它当成一项人类最伟大的事业来追求,这样才能变压力为动力,不惜终生为之奋斗和付出,努力使教与学的双方都达到一种真实的精神的提升,真正做到"无为而无所不为"。这是教师的精神境界,也是中职教育的终极目标。

总而言之,旅游业的发展与旅游人才的培养之间存在着既相互促进又相互制约的辩证关系,旅游教育是旅游业发展的人才工程。旅游中等职业教育的持续发展,必须有一支结构合理、专兼结合的高素质教师队伍,而做好培训与深入旅游企业实践锻炼工作是建设好这支队伍的关键。

参考文献

[1] Fessler R, Christensen C. 教师职业生涯周期：教师专业发展指导[M]. 董丽敏, 高耀明, 译. 北京：中国轻工业出版社, 2005.

[2] 檀传宝, 等. 走向新师德：师德现状与教师专业道德建设研究：[M]. 北京：北京师范大学出版社, 2009.

[3] 马英志. 教师合作与交流能力的培养与训练[M]. 长春：东北师范大学出版社, 2010.

[4] 袁梦. 专家型教师的成长之路[M]. 长春：吉林大学出版社, 2008.

[5] 郝经春. 教师必读的外国教育名著导读[M]. 长春：吉林大学出版社, 2010.

[6] 关玫玫. 教师职业道德修炼[M], 长春：东北师范大学出版社, 2010.

[7] 李世永. 教师必须掌握的教改成果[M]. 南京：江苏美术出版社, 2011.

[8] 马维和. 以学习活动为中心的信息技术与课程整合[M]. 哈尔滨：黑龙江教育出版社, 2012.

[9] 赵慧君. 课堂教学方法的变革[M]. 长春：吉林文史出版社, 2012.

[10] 王辉. 给新教师的50条建议[M]. 长春：吉林出版集团有限责任公司, 2012.

[11] 管国良. 小课题研究：教师专业成长新载体[M]. 杭州：浙江大学出版社, 2012.

[12] 郑杰. 给教师的一百条新建议[M]. 上海：华东师范大学出版社, 2004.

[13] 潘裕民. 教师专业发展的理论取向与实现路径[M]. 桂林：广西师范大学出版社, 2013.

[14] 管建刚. 教师成长的秘密[M]. 福州：福建教育出版社, 2013.

[15] 杨宗武，等.国家中职示范校建设学校推进策略研究[M].成都：西南财经大学出版社，2013.

[16] 高操.优秀教师实现自我发展的60个途径[M].沈阳：万卷出版公司，2014.

[17] 吴全全.中等职业学校教师专业标准解读[M].北京：北京师范大学出版社，2015.

[18] 卢双盈.中等职业学校教师专业发展理论与实践[M].北京：科学出版社，2017.

[19] 河南省职业技术教育教学研究室.中等职业学校专业教师教学能力提升[M].北京：北京师范大学出版社，2018.

[20] 曹晔，吴长汉，等.中等职业学校教师专业能力与需求调研[M].北京：科学出版社，2019.

[21] 沈民权.导游基础知识[M].北京：高等教育出版社，2021.

[22] 中国旅游协会旅游教育分会.中国旅游教育蓝皮书2021-2022[M].北京：中国旅游出版社，2022.

[23] 中国职业技术教育学会中等职业技术教育分会，全国中等职业学校校长联席会议.新时代中等职业教育发展蓝皮书[M].北京：化学工业出版社，2022.

[24] 俞云平.发达国家促进高校教师素质提高的措施[J].成人教育，1997（Z2）：63.

[25] 庄捷.我国与国外旅游高等教育之比较[J].旅游学刊，1998（S1）：47-50.

[26] 李虹.高校旅游专业教师素质培养[J].旅游论坛，1999（S2）：177-178.

[27] 刘立刚.高校教师素质论[D].武汉：华中师范大学，2001.

[28] 杨秀梅.费斯勒与格拉特霍恩的教师发展影响因素论述评[J].外国教育研究，2002（05）：35-38.

[29] 林东.论职业能力取向的中职学校旅游地理课程教学改革[D].福州：福建师范大学，2003.

[30] 李定仁,赵昌木.教师及其成长研究:回顾与前瞻[J].教育理论与实践,2003(06):34-38.

[31] 黄克孝.当前职教课程改革中值得关注的倾向[J].职教论坛,2004(30):4-6.

[32] 蒋冰华.高校旅游教学模式新探[J].安阳师范学院学报,2004(3):111-113.

[33] 陈玉佳.大学教师素质的发展性建构[J].教学研究,2006,29(6):487-490.

[34] 林杰,李玲.美国大学教师教学发展的背景与实践[J].中国大学教学,2007(9):87-90.

[35] 林杰,李玲.美国大学教师发展的三种理论模型,现代大学教育,2007(01):62-66.

[36] 赵明仁,周钧.教师培训的理念更新与制度保障:首届"中国教师培训论坛"综述[J].教师教育研究,2007,19(3):37-40.

[37] 寇佩爱.关于中等职业学校教师专业化发展的研究[D].天津:天津大学,2007.

[38] 陈菲.中等职业学校旅游管理教师的知识结构研究[D].厦门:厦门大学,2008.

[39] 张春梅,邹德文.国内外旅游教育比较及其对我国旅游教育的启示[J].河北科技师范学院学报(社会科学版),2008,7(2):117-120.

[40] 范向丽,郑向敏.世界旅游高等教育现状、问题及发展策略研究[J].北京第二外国语学院学报,2009(09):77-84.

[41] 卢锋,周锐丽.浅谈中职学校教师现状及教师专业素质的提高[J].法制与社会,2009(11):259-259.

[42] 徐爱香,王娟.团队合作精神的研究[J].科技资讯,2009(32):183.

[43] 李宝富,周昕.青年教师职业发展的内涵与途径[J].黑龙江高教研究,2010(08):89-91.

[44] 周军.中职旅游专业的现状与对策[J].中国校外教育,2010(S1):436-436.

[45] 刘玉姝.高校旅游管理专业教师职业发展研究[D].大连：辽宁师范大学，2010.

[46] 杨春芳.关于中职教师专业化发展的现状与建议：基于天津市五所中等职业学校的调查[J].职教通讯，2011（17）：75-80.

[47] 孙菲菲，闫志利.中职教师专业化发展的目标取向及推进策略[J].河北科技师范学院学报（社会科学版），2011，10（3）：88-91.

[48] 高利兵.中职专业教师队伍的现状及可持续发展对策研究：以安徽省为例[J].职教论坛，2011（16）：67-70.

[49] 吴灵琴.春风化雨正当时 润物无声花自开：中职旅游教学中"角色扮演法"的应用[J].知识经济，2011（09）：172-174.

[50] 张德良.国际视野下大学教师专业发展制度及对我国的启示[J].现代教育科学，2011（05）：125-129.

[51] 王红.树立"以人为本"的发展观，促进教师专业发展[J].思茅师范高等专科学校学报，2012（02）：99-101.

[52] 刘绍堂，徐靓.高校青年教师职业发展路线和实现途径[J].南方金属，2013（4）：39-43.

[53] 张晓红.中等职业学校教师专业自主发展存在的问题及对策研究[D].大连：辽宁师范大学，2013.

[54] 王超.中等职业学校旅游教师专业发展研究[D].大连：辽宁师范大学，2013.

[55] 赵雪，李蕾蕾，赵宝柱.中等职业学校教师专业知识与专业能力现状调查分析[J].职业技术教育，2013，34（10）：55-59.

[56] 黄慧.浅谈中职"双师型"教学团队的合作精神[J].科学大众（科学教育），2013（9）：142.

[57] 魏引辉.中职"双师型"教学团队合作策略[J].内蒙古教育（职教版），2013（08）：28-29.

[58] 袁文芳.加快中职旅游教育，服务贵州旅游产业[J].科技创新导报，2013（18）：237-238.

[59] 赵永霞.试论打造中职优秀教师团队的途径[J].学理论，2013（15）：

353-354.

[60] 张雪梅.中职旅游与酒店管理专业教学模式设想[J].科学咨询（科技·管理），2013（09）：82-84.

[61] 林志峰.从"中职教师专业标准"看教师专业发展[J].职业教育（下旬刊），2014，51（05）：32-34.

[62] 王钦.基于"双师型"教师培养的中职教师专业发展策略研究[D].无锡：江南大学，2014.

[63] 陈铮.中职学校教师职业生涯发展问题及对策研究[D].重庆：重庆理工大学，2014.

[64] 常莹.旅游中职教育中的案例教学法研究[D].桂林：广西师范大学，2014.

[65] 黄文娟.以就业认知为导向的中职酒店服务与管理专业有效教学研究[D].福州：福建师范大学，2014.

[66] 杨明艳.任务引领型教学模式在中职旅游专业的研究与实践[J].旅游纵览（下半月），2014（18）：322.

[67] 李继良.基于学习型组织理论的中职学校教学团队建设[D].福州：福建师范大学，2015.

[68] 廖理宁.中职旅游实训教学探究[D].福州：福建师范大学，2015.

[69] 农丽华.我国中职旅游教育发展初探[J].亚太教育，2015（15）：148-149.

[70] 瞿仁琼.浅谈新形势下中职学校教师的职业发展策略[J].科学咨询（科技·管理），2015（01）：50-51.

[71] 刘祥彩.职业学校教师专业发展的途径与对策[J].职业，2015（35）：53-54.

[72] 杜艳红.中职旅游专业教学现状与对策[J].旅游纵览（下半月），2015（06）：254.

[73] 李建华."互学结合一体化"教学模式在中职旅游地理教学中的应用[J].知识经济，2015（5）：108.

[74] 邓永云.中职旅游专业课教师具备的教学素质培养和积累[J].旅游纵

览(下半月),2016(1),277.

[75] 李海燕,王博.如何提升旅游管理本科教师的专业实践能力[J].课程教育研究:新教师教学,2016(12):295.

[76] 陈家.浅析信息化教学模式在中职旅游专业教学中的运用:以《导游基础知识》课程为例[J].中国培训,2017(06):137-138.

[77] 杨军龙.中职数学教师专业化发展现状及对策研究[J].软件:电子版,2018(10):396.

[78] 卢颖.浅谈中职旅游专业课教学方式的选择和教学效果的评价[J].发现(教育版),2018(8):123.

[79] 唐云鹏.基于市场导向下贵州省体育旅游产业发展现状调查研究[J].文体用品与科技,2018,3(3):17-18.

[80] 王茂莉.职业教育人才培养的改革与创新:以深圳职业技术学院为例[J].产业与科技论坛,2018,17(14):222-225.

[81] 姜华,姜锐.基于现代学徒制的"前店后院"人才培养模式的创新与实践:以酒店管理专业为例[J].现代职业教育,2018(31):90-92.

[82] 冯颖.以职业胜任能力为导向提升应用型本科院校旅游管理专业学生实践能力的对策研究.佳木斯职业学院学报,2019(12):225-226.

[83] 吴翔.基于智慧旅游综合实训基地的旅游专业内涵建设[J].开封教育学院学报,2019,39(8):168-171.

[84] 刘惠,沈杲.旅游职业教育人才培养的要素构成与评价研究[J].佳木斯职业学院学报,2019(9):215-215.

[85] 李威.旅游职业教育"双师型"教师发展存在问题与对策[J].旅游纵览(下半月),2019(20):197-198.

[86] 苏奕姣,周嘉禾.旅游高等职业教育中旅游大类专业人才培养方案的制订与优化[J].文教资料,2020(4):130-132.

[87] 刘雪刚.中等职业学校班级文化艺术氛围建设实践初探[J].文科爱好者(教育教学),2020(36):32-33.

[88] 王柳卜.中等职业学校教师角色定位刍议[N].贵州民族报,2020-12-17(A03).

[89] 唐菲.中等职业学校教师情绪智力与职业倦怠的关系研究[J].教育与职业,2020(24):90-94.

[90] 鲁博."互联网+"在中职教育中的应用[J].农民科技培训,2021(09):34-35.

[91] 管慧.职业教育政策变迁下的中等职业教育问题研究[D].太原:山西大学,2021.

[92] 王韵韵,焦庚英.产教融合背景下中职旅游专业"双师型"教师培养路径探索[J].西部旅游,2022(21):75-77.

[93] 龙燕满,逻建基,彭磊义.旅游服务与管理专业中职生社会支持利用度研究[J].贵州开放大学学报,2022(03):25-32.